W0270890

Siegfried Großmann

Und es war sehr gut

Siegfried Großmann

Und es war sehr gut

Die Schöpfungsbotschaft der Bibel
als Herausforderung für heute

BRUNNEN
Verlag GmbH · Giessen

FSC www.fsc.org
MIX
Papier aus verantwortungsvollen Quellen
FSC® C083411

www.brunnen-verlag.de
Umschlaggestaltung: Ingo Riecker
Satz: Uhl + Massopust, Aalen
Herstellung: CPI – Ebner & Spiegel, Ulm
ISBN 978-3-7655-2035-8

Inhalt

Vorwort

> Im Anfang schuf Gott Himmel und Erde …
> (Genesis 1,1)

Die Schöpfungsgeschichte ist ein großartiger Text. Obwohl sie mehr als 2000 Jahre alt ist, kann sie jeder verstehen. Alles fängt geheimnisvoll an: Dunkelheit und Chaos herrschen auf der Erde, nur der Atem Gottes bewegt sich über den ungebändigten Wassermassen. Dann aber leuchtet das Licht auf, und die Schöpfung erwacht zum Leben. Auf Gottes Wort hin entstehen Land und Meer, entwickeln sich Pflanzen und Tiere, und schließlich wird der Mensch geschaffen, gestaltet nach dem Bild Gottes. Als das große Werk vollendet ist, kann Gott aus vollem Herzen sagen: Alles ist sehr gut!

Lese ich weiter, sieht es ganz anders aus. Zwar ist die Schöpfung zunächst wie ein paradiesischer Garten, in dem es alles gibt, was man braucht. Dann aber bricht das Böse ein: „Sollte Gott gesagt haben …?“ Und die Menschen lassen sich verführen: „Ihr werdet sein wie Gott!“ Die Folgen sind bitter: Das Paradies ist verloren, Mensch und Natur verfeindet, der Acker verflucht und die Beziehung zwischen Mann und Frau gestört. Die Menschen fühlen sich nackt, und so muss Gott ihnen Kleider machen und damit zeigen, wie man außerhalb des Paradieses überleben kann. Nichts ist mehr gut!

Warum fasziniert uns die Schöpfungsgeschichte noch immer, obwohl sie aus einer ganz anderen Zeit stammt? Mir geht dieser Text so nahe, weil er meine ganze Lebenserfahrung umschließt: Die Schöpfung ist gut, die Welt ist schön und eigentlich ist alles da, was man braucht. Gleichzeitig aber erlebe ich: Die Welt ist böse, Sünde und Ungerechtigkeit bestimmen das Leben und niemand kann sich daraus befreien. Aber warum gibt es so viel Böses? Offensichtlich ist der Mensch nicht in der Lage, mit dem Geschaffenen schöpfungsgemäß umzugehen – und an dieser Diagnose hat sich über die Jahrtausende der Geschichte bis heute nichts geändert.

Was bedeutet nun die Schöpfungsbotschaft der Bibel für uns, die Menschen des 21. Jahrhunderts? Haben wir heute noch eine Vorstellung davon, wie schöpfungsgemäßes Leben aussieht? Sehen wir nicht eher unser Versagen? Ist aus der Schöpfung nicht längst Erschöpfung geworden, in der Natur wie beim Menschen?[1] Wie kann unser modernes Leben in Übereinstimmung mit Gottes Schöpfungsordnung gebracht werden? Wie sehen die Grenzen aus, die wir – auch wenn wir könnten – nicht überschreiten sollten? Damit stellt sich eine zentrale Frage:

Wie kann die Schöpfungsbotschaft der Bibel wieder neu zum Maßstab unseres Lebens werden?

Das ist die Zielsetzung dieses Buches. Es geht darum, den Grundentwurf des Schöpfers zu erkennen, wie er uns in den Schöpfungstexten der Bibel nahegebracht wird. Denn ihre Aussagen sind Gottes eigener Kommentar zu seiner Schöpfung – und nie haben wir ihn dringender gebraucht als heute.

Hier aber beginnen die Schwierigkeiten. Denn wenn wir als aufgeklärte und wissenschaftlich orientierte Menschen von heute die Schöpfungsgeschichte lesen, kommt sie uns hoffnungslos veraltet vor: der Himmel als festes Gewölbe über der Erde? Die Entstehung der Pflanzen, bevor es die Sonne gibt? Eine Schöpfung in sieben Tagen? Ein Gott, der seine Geschöpfe aus Erde formt? Eine Schlange, die sprechen kann? Ist es möglich, unsere heutigen wissenschaftlichen Erkenntnisse und den Schöpfungsglauben in einen sinnvollen Zusammenhang zu bringen? Oder muss ein Mensch, der an Gott als den Schöpfer glaubt, aus dem Erkenntnishorizont der Moderne herausfallen?

Diese Probleme müssen wir klären, wenn wir uns als Menschen des 21. Jahrhunderts der Schöpfungsbotschaft der Bibel nähern wollen. Aber dabei dürfen wir nicht stehen bleiben, denn es geht um viel mehr: Wie kann der Glaube an Gott, den Schöpfer, uns heute helfen, schöpfungsgemäß zu leben? Was können wir aus den Schöpfungstexten der Bibel lernen, um den Prozess der Erschöpfung und Zerstörung des Planeten Erde aufzuhalten? Wie finden wir in den Schöpfungstexten der Bibel trotz ihrer Integration in ein ganz anderes Weltbild die zeitlose Botschaft für heute?

Wir haben also eine anspruchsvolle Aufgabe zu lösen, denn wir müssen versuchen, die zeitlosen Aussagen der biblischen Texte so von den zeitbedingten zu lösen, dass wir die Schöpfungsbotschaft der Bibel in unsere heutige Lebenssituation übertragen können. Und das soll so geschehen, dass der Inhalt der Texte als Gottes Botschaft an uns „eins zu eins“ erhalten bleibt.

---

1 Eine ausführliche Analyse habe ich in meinem Buch *Aufbruch in Gottes Zukunft* vorgelegt, 14–40.

Mein Buch ist nicht für Spezialisten gedacht, sondern für Menschen, die sich als verantwortliche Bürger ihrer Gesellschaft sehen und ihre Verantwortung „unter den Augen Gottes“ wahrnehmen wollen. Denn um von der Erschöpfung wieder zur Schöpfung zu gelangen, braucht es viele Menschen, die „mit Ernst Christen sein wollen“ und gleichzeitig den Ernst der Lage erkennen, in der sich der Planet Erde, unsere gemeinsame Heimat, befindet.

Machen wir uns also auf den Weg!

Kapitel 1

Die Schöpfungsgeschichte: Genesis 1–3[2]

Um einen biblischen Text zu verstehen, müssen wir uns ihm nähern – intellektuell wie emotional. Wenn ein Text jedoch so bekannt und gleichzeitig so umstritten ist wie die Schöpfungsgeschichte, ist es schwer, sich unbefangen mit ihm zu beschäftigen. Denn wir kennen ihn zu gut, wir haben zu viel über ihn gehört und vielleicht ist uns auch der Streit, den es um ihn gegeben hat, lästig geworden. Wie können wir diese Befangenheit überwinden? Wir brauchen eine neue Ausdrucksform des Textes, die uns überrascht und fasziniert – so, als würden wir ihn zum ersten Mal lesen. Deshalb habe ich eine eigene Übertragung der Schöpfungsgeschichte geschrieben, von der ich hoffe, dass sie dazu beitragen kann, einen neuen Zugang zu diesem alten Text zu finden.

1. Ich verzichte auf die Kapitel- und Verseinteilung, die zwar zum Auffinden einzelner Bibelstellen wichtig ist, aber ständig den Lesefluss unterbricht. In meiner Übertragung kann man deshalb die Schöpfungsgeschichte wie einen modernen Text lesen.
2. Meine Übertragung berücksichtigt, dass Gen 1–3 aus zwei Teilen besteht, die in Stil und Ausdrucksweise sehr verschieden sind. Denn der erste Teil, das *Siebentagewerk* (Gen 1), beschreibt die Schöpfung in einer stark verdichteten, hymnischen Sprache. Der zweite Teil (Gen 2–3), die *Erschaffung und Verführung* des Menschen, ist eine typische Erzählung, die in verschiedenen Szenen die Geschichte von der Erschaffung der Welt bis zur Vertreibung aus dem Garten Eden beschreibt. Deshalb habe ich den ersten Teil als Lyrik und den zweiten Teil als Prosa gestaltet.[3]

---

2 Für die *Fünf Bücher Mose* gebrauche ich die griechischen und lateinischen Bezeichnungen, die sich in der theologischen Literatur eingebürgert haben:
Pentateuch = *Fünf Bücher des Mose;* Genesis (Gen) = *1. Mose;* Exodus (Ex) = *2. Mose;* Levitikus (Lev) = *3. Mose;* Numeri (Num) = *4. Mose;* Deuteronomium (Dtn) = *5. Mose.*
Genauere Erklärungen finden sich in den Einleitungstexten der *Einheitsübersetzung.*

3 Die Teilung erfolgt eigentlich in Gen 2,4. Der Einfachheit halber spreche ich trotzdem von Gen 1 auf der einen und Gen 2–3 auf der anderen Seite.

Das Siebentagewerk
(Gen 1,1–2,4a)

Im Anfang schuf Gott Himmel und Erde.
Und die Erde war *tohu wabohu*,
ohne Gestalt und Leben,
nur der Geist Gottes
schwebte über den Wassern.
Da sprach Gott:
Es werde Licht,
und es wurde Licht.
Gott sah, dass das Licht gut war,
und so trennte er das Licht von der Finsternis.
Das Licht nannte Gott *Tag*,
und die Finsternis nannte er *Nacht*.
Dabei wurde es Abend, und es wurde Morgen:
der erste Tag.

Da sprach Gott:
Inmitten der Wasser entstehe ein festes Gewölbe,
das Wasser unterhalb und oberhalb zu trennen.
Gott machte das Gewölbe
und trennte das Wasser.
So geschah es.
Das Gewölbe nannte Gott *Himmel*.
Dabei wurde es Abend, und es wurde Morgen:
der zweite Tag.

Da sprach Gott:
Das Wasser unter dem Himmel sammle sich,
damit das Trockene sichtbar werde.
So geschah es.
Das Trockene nannte Gott *Land*,
und das gesammelte Wasser nannte er *Meer*.
Gott sah, dass es gut war.
Da sprach Gott:
Das Land bringe junges Grün hervor,
Pflanzen, die Samen tragen

und Bäume, die Früchte bringen,
in denen ihr Same ist.
So geschah es.
Die Erde ließ Pflanzen sprossen
und Bäume wachsen.
Gott sah, dass es gut war.
Dabei wurde es Abend, und es wurde Morgen:
der dritte Tag.

Da sprach Gott:
Es sollen Lichter am Himmel entstehen,
die Tag und Nacht voneinander trennen
und als Zeichen dienen,
damit man Tage und Jahre
und die Festzeiten bestimmen kann.
Als Lichter am Gewölbe des Himmels
sollen sie über die ganze Erde leuchten.
So geschah es.
Gott machte die beiden großen Lichter,
das größere, das den Tag bestimmt,
und das kleinere, der Nacht zu dienen,
dazu die Sterne.
Und Gott setzte die Lichter
an das Gewölbe des Himmels,
damit sie über die ganze Erde leuchten,
den Tag und die Nacht beherrschen
und das Licht von der Finsternis scheiden.
Gott sah, dass es gut war.
Dabei wurde es Abend, und es wurde Morgen:
der vierte Tag.

Da sprach Gott:
Das Wasser wimmle von Lebewesen,
und Vögel sollen unter dem Himmel
und über das Land fliegen.
Gott schuf die großen Seeungeheuer
und alle Lebewesen,
von denen das Wasser wimmelt,
dazu die gefiederten Vögel,

jedes nach seiner Art.
Gott sah, dass es gut war.
Und Gott segnete sie und sprach:
Seid fruchtbar, vermehrt euch,
und bevölkert das Meer und die Luft.
Dabei wurde es Abend, und es wurde Morgen:
der fünfte Tag.

Da sprach Gott:
Auch das Land bringe Lebewesen hervor,
alle Arten von Vieh,
von Kriechtieren
und von den wilden Tieren des Feldes.
So geschah es.
Gott machte die wilden Tiere des Feldes,
das Vieh,
und alles, was auf dem Boden kriecht.
Gott sah, dass es gut war.
Da sprach Gott:
Lasst uns Menschen machen,
gestaltet nach unserem Bild,
uns ähnlich.
Sie sollen Verantwortung tragen
für die Fische im Meer,
die Vögel unter dem Himmel,
das Vieh,
alles, was auf dem Boden kriecht,
und für die ganze Erde.
So schuf Gott den Menschen,
gestaltet nach seinem Bild,
männlich und weiblich.
Gott segnete sie und sprach:
Seid fruchtbar, vermehrt euch,
bevölkert die Erde
und nehmt sie in Besitz.
Tragt Verantwortung
für die Fische im Meer,
die Vögel des Himmels
und für alle Lebewesen,

die sich auf der Erde regen.
Und Gott sprach:
Alle Pflanzen, die Samen tragen,
und alle Bäume, die Früchte bringen,
in denen ihr Samen ist,
sollen euch zur Nahrung dienen.
Allen Tieren des Feldes,
allen Vögeln des Himmels
und allen Lebewesen auf der Erde,
in denen sich Atem regt,
gebe ich die grünen Pflanzen zur Nahrung.
So geschah es.
Und Gott sah alles an,
was er gemacht hatte:
Es war sehr gut.
Dabei wurde es Abend, und es wurde Morgen:
der sechste Tag.

So wurden Himmel und Erde vollendet,
die ganze Fülle der Schöpfung.
Und Gott vollendete seine Arbeit am siebten Tag,
indem er ruhte.
Er segnete den siebten Tag
und erklärte ihn heilig,
denn er feierte,
weil das ganze Werk der Schöpfung vollendet war.
Das ist die Entstehungsgeschichte
von Himmel und Erde,
so, wie sie geschaffen wurden.

Die Erzählung von der Schöpfung und der Verführung des Menschen *(Gen 2,4b–3,24)*

Zu der Zeit, als Gott[4] die Erde und den Himmel machte, gab es auf der Erde noch keinen einzigen Strauch. Es wuchs auch noch nichts auf dem Feld, denn Gott hatte es noch nicht regnen lassen. Es gab ja auch noch keinen Menschen, der den Ackerboden hätte bestellen können. Nur ein Dunst stieg von der Erde auf und befeuchtete die ganze Fläche des Ackerbodens.

Da formte Gott *adam*, den Menschen, aus Staub von *adamah*, dem Erdboden, und hauchte in seine Nase den Atem des Lebens. Und so wurde der Mensch zu einem lebendigen Wesen.

Dann legte Gott in Eden, einer fruchtbaren Gegend, die im Osten liegt, einen Garten an und brachte den Menschen, den er gebildet hatte, dorthin. Er ließ aus dem Boden verschiedene Bäume wachsen, die prächtig anzuschauen waren und köstliche Früchte trugen. In der Mitte des Gartens aber standen der Baum des Lebens und der Baum der Erkenntnis von Gut und Böse.

In Eden entspringt ein Strom, um den Garten zu bewässern, der sich danach in vier große Ströme teilt. Der erste heißt Pischon und fließt um das ganze Land Hawila, wo es Gold, wohlriechendes Harz und Edelsteine gibt. Der zweite Strom heißt Gihon und fließt um das ganze Land Kusch. Der dritte Strom heißt Tigris und fließt an Assur vorbei, und der vierte Strom ist der Euphrat.

Gott nahm nun den Menschen und brachte ihn in den Garten Eden, damit er ihn bebaue und bewahre. Er sagte zu ihm: Du darfst von allen Bäumen im Garten essen, nur nicht vom Baum der Erkenntnis von Gut und Böse. Denn sobald du davon isst, musst du sterben.

Dann sprach Gott zu sich selbst: Es ist nicht gut, wenn der Mensch allein bleibt. Ich will ihm eine Hilfe schaffen, die ihm entspricht. Und Gott formte aus dem Erdboden die Landtiere und die Vögel und brachte sie zum Menschen, um zu sehen, wie er sie nennen würde. Denn genau so sollten sie heißen. Und der Mensch gab allen Tieren einen Namen,

4 In Gen 2–3 wird Gott immer als *jahwe elohim* bezeichnet, meist mit „Gott, der Herr“ übersetzt. Um des Sprachflusses der Erzählung willen spreche ich hier nur von „Gott“.

dem Vieh, den Vögeln und den Landtieren. Eine Hilfe aber, die dem Menschen entspricht, fand sich nicht.

Da ließ Gott einen tiefen Schlaf auf den Menschen fallen, nahm eine seiner Rippen heraus, verschloss die Stelle mit Fleisch und baute aus der Rippe des Menschen eine Frau. Als er sie zu ihm brachte, rief der Mensch: Diesmal ist sie es wirklich, gestaltet wie ich! *Ischah*, Frau, soll sie heißen, denn von *isch*, dem Mann, ist sie genommen.

Darum wird ein Mann Vater und Mutter verlassen und sich mit seiner Frau verbinden, damit sie zu einer Gemeinschaft werden, die das ganze Leben umfasst.

Adam und seine Frau aber waren nackt, und sie schämten sich nicht.

Die Schlange aber war listiger als alle Tiere, die Gott gemacht hatte. Sie sagte zu der Frau: Hat Gott wirklich gesagt, dass ihr von keinem der Bäume im Garten essen dürft? Nein, sagte die Frau, wir dürfen von allen Bäumen im Garten essen, nur nicht von dem Baum, der in der Mitte des Gartens steht. Von ihm hat Gott gesagt: Esst nicht davon, ja, rührt die Früchte nicht einmal an, denn sonst müsst ihr sterben. Nein, sagte die Schlange, ihr werdet nicht sterben. Gott weiß vielmehr, dass euch dann die Augen aufgehen. Ihr werdet sein wie Gott und Gut und Böse unterscheiden können.

Da schaute die Frau den Baum an, der in der Mitte des Gartens stand, sah seine köstlichen Früchte und stellte sich vor, wie verlockend es wäre, klug zu sein und Gut und Böse unterscheiden zu können. So nahm sie von den Früchten, aß sie und gab sie ihrem Mann, der bei ihr war, und er aß auch. Da gingen ihnen die Augen auf, und sie erkannten, dass sie nackt waren. Sie flochten Feigenblätter zusammen und machten sich daraus einen Lendenschurz.

Als sie hörten, wie Gott im kühlen Abendwind im Garten umherging, versteckten sie sich vor ihm unter den Bäumen. Da rief Gott: Adam, wo bist du? Er antwortete: Als ich dich im Garten umhergehen hörte, fürchtete ich mich, weil ich nackt bin, und versteckte mich unter den Bäumen. Darauf fragte Gott: Wer hat dir gesagt, dass du nackt bist? Hast du etwa von den verbotenen Früchten gegessen? Adam antwortete: Die Frau, die du mir an die Seite gestellt hast, gab sie mir, und so habe ich sie gegessen. Da sagte Gott zur Frau: Was hast du da getan? Sie antwortete: Die Schlange hat mich verführt, und so habe ich von den Früchten gegessen.

Da sprach Gott zur Schlange: Weil du das getan hast, sollst du verflucht sein und von allen Tieren gemieden werden. Auf dem Bauch sollst du kriechen und Staub fressen dein Leben lang. Zwischen dir und der Frau und deinen und ihren Nachkommen wird Feindschaft herrschen. Die Menschen werden nach deinem Kopf treten, und du wirst nach ihrer Ferse stoßen.

Zur Frau sprach er: Deine Schwangerschaft wird dir große Mühe bereiten, und deine Kinder wirst du unter Schmerzen gebären. Du wirst dich nach deinem Mann sehnen, er aber wird dein Leben bestimmen.

Zu Adam sprach er: Weil du auf deine Frau gehört und von den verbotenen Früchten gegessen hast, soll der Ackerboden um deinetwillen verflucht sein. Es wird dir sehr schwerfallen, von den Erträgen des Ackers zu leben, denn du musst Pflanzen ernten, die unter Dornen und Disteln wachsen. Im Schweiße deines Angesichts wirst du dein Brot essen, bis du zum Erdboden zurückkehrst, von dem du genommen bist. Denn Staub bist du, und zu Staub wirst du werden.

Adam aber gab seiner Frau den Namen *Eva*, Leben, denn sie sollte zur Mutter aller Menschen werden. Und Gott machte Adam und Eva Kleider aus Fellen und zog sie ihnen an.

Dann sprach Gott zu sich selbst: Der Mensch ist wie wir geworden, denn er kann jetzt Gut und Böse unterscheiden. Was wäre, wenn er jetzt seine Hand ausstreckte, die Früchte vom Baum des Lebens zu essen und ewig zu leben? So vertrieb Gott den Menschen aus dem Garten Eden und ließ im Osten vor dem Garten die Cherubim mit dem flammenden Schwert lagern, damit sie den Weg zum Baum des Lebens bewachten.

Kapitel 2
Wie legen wir die Bibel aus?

Seit Langem gibt es in der Christenheit eine heftige Diskussion über das *Schriftverständnis.* Welche Bedeutung hat die Bibel für uns und wie legen wir sie angemessen aus? Die Situation ist angesichts der vielen exegetischen Ansätze und Methoden recht unübersichtlich und eine Antwort nicht leicht zu gewinnen. Trotzdem können wir die Frage nach dem Schriftverständnis nicht ausklammern, denn je nach dem vorhandenen Vorverständnis wird die Auslegung der Schöpfungsgeschichte ganz unterschiedlich ausfallen. Ich kann das Thema im Rahmen dieses Buches nicht ausführlich behandeln, aber ich will wenigstens versuchen, meine eigene Position zu erklären und zu begründen. So kann der Leser selbst entscheiden, ob er meinen Weg der Auslegung mitgehen will.

Grundpositionen der Exegese

Aus den vielen exegetischen Ansätzen, die es heute gibt, lassen sich drei Grundpositionen ermitteln, die ich jeweils am Beispiel der Schöpfungsgeschichte erklären will. Dabei möchte ich betonen, dass ich Begriffe wie „fundamentalistisch" oder „historisch-kritisch" nicht wertend, sondern lediglich beschreibend verwende.

1. Wörtliche Auslegung

Hier wird die Schöpfungsgeschichte als *Schöpfungsbericht* verstanden, als ein Bericht, der die Erschaffung der Welt in allen geschilderten Einzelheiten real beschreibt. Dieses fundamentalistische Schriftverständnis wird am deutlichsten in der *Chicago-Erklärung zur Irrtumslosigkeit der Bibel* von 1978 zum Ausdruck gebracht: „Da die Schrift vollständig von Gott gegeben wurde, ist sie in allem, was sie lehrt, ohne Irrtum und Fehler. Das gilt nicht weniger für das, was sie über Gottes Handeln in der Schöpfung, über die Ereignisse der Weltgeschichte und über ihre eigene literarische Herkunft unter Gott aussagt, als für ihr Zeugnis von Gottes rettender Gnade im Leben einzelner."[5]

Von diesem Verständnis der Schöpfungsgeschichte ist es nur noch ein kurzer Weg bis zu den Thesen des *Kurzzeit-Kreationismus.*[6] Danach ist das Universum in sechs Erdentagen erschaffen worden und nach den Genealogien im 1. Buch Mose etwa 6000 Jahre alt. Das Problem, dass die Erde viel älter wirkt, versucht eine weitverbreitete kreationistische Publikation so zu lösen: „Die meisten, die an eine Schöpfung in sechs Tagen glauben, sind ... der Meinung, dass die Schöpfung nicht lange zurückliegt, und dass Gott die Dinge mit einem Anschein an Alter geschaffen hat."[7] Nach der Lehre des Kurzzeit-Kreationismus sind die verschiedenen Arten der Pflanzen und Tiere, und mit ihnen auch der Mensch, am Anfang von Gott so geschaffen worden, wie wir sie heute kennen. Damit wird jede Art von Evolution grundsätzlich abgelehnt. Adam und Eva sind historische Personen, die Gott gleich als Erwachsene geschaffen hat, und die als die Stammeltern aller weiteren Menschen zu gelten haben.

2. Kritische Auslegung

Hier wird die Schöpfungsgeschichte als *Schöpfungsmythos* angesehen, als Teil der mythologischen Überlieferung über die Entstehung der Welt, die wir bei vielen Völkern finden. Danach hat sich im Laufe der Zeit in Israel die Vorstellung des *einen* Gottes Jahwe entwickelt – im Gegensatz zu den Vielgötter-Religionen in der Umwelt Israels. Was bedeutet das, wenn die Schöpfungsgeschichte ein Mythos ist? Gerhard von Rad erklärt es so: „Dass wir es bei diesen sehr alten Überlieferungen mit *Sagen* zu tun haben, ist eine Erkenntnis, hinter die wir nicht mehr zurückgehen können ... Halten wir also für alles Weitere fest: Die Sage ist keinesfalls ein Produkt dichterischer Phantasie, sie umfasst vielmehr die Summe der lebendigen geschichtlichen Erinnerung der Völker."[8] Gott ist also in diesem kritischen Schriftverständnis kein reales Gegenüber des Menschen, sondern eine *Gottesvorstellung,* die sich aus den Erfahrungen der Menschen entwickelt hat.

---

5 Zit. nach Stadelmann, *Evangelikales Schriftverständnis,* 20. Der vollständige Text ist im Internet abrufbar, allerdings in verschiedenen Fassungen.
6 Hemminger, *Und Gott schuf Darwins Welt,* 71.
7 Heinze, *Schöpfung contra Evolution,* 137.
8 Von Rad, *Das erste Buch Mose,* 23f.

In den letzten Jahrzehnten haben sich neue exegetische Ansätze entwickelt, die mit einem Vorverständnis an die Texte herangehen, das sich aus den Erfahrungen und wissenschaftlichen Erkenntnissen der Gegenwart speist. So geht das Programm der *Entmythologisierung* davon aus, dass man dem modernen Menschen die Mythen der Bibel nicht mehr als Gottes Wort vermitteln könne. *Befreiungstheologische* Auslegungen stellen die Gerechtigkeitsfrage in den Vordergrund. Die *feministische Theologie* will das Patriarchat überwinden. Andere betrachten biblische Texte aus einer *sozialpsychologischen* Perspektive oder wollen sie *tiefenpsychologisch* deuten. Während sich die wörtliche Auslegung in ständige Widersprüche zu den modernen naturwissenschaftlichen Erkenntnissen verstrickt, macht sich die kritische Auslegung oft zu stark von den Erkenntnissen der Gegenwart und deren Grenzen abhängig.

3. Die Suche nach einem Mittelweg

Seit jeher gibt es Ansätze, einen Weg zu suchen, der für kritische Fragen an den Text offen ist, ohne die Autorität der Bibel als Offenbarung Gottes anzutasten. Die Schöpfungsgeschichte wird dabei als *Schöpfungsbotschaft* angesehen, in der Gott dem Menschen das Wesen seiner Schöpfung offenbart. Diese Botschaft ist – wie bei anderen Aussagen der Bibel auch – in das Weltbild und den Erfahrungshorizont der Entstehungszeit der Texte integriert. Denn die Botschaft war ja zunächst für ihre unmittelbaren Empfänger gedacht. Damit sie nun zum Maßstab für die Gegenwart werden kann, muss man die biblische Schöpfungsbotschaft aus ihrer zeitgebundenen Darstellungsweise herauslösen und mit unserem heutigen Weltbild verbinden – so wie es die alten Texte mit dem damaligen Weltbild getan haben. Die Kunst der Auslegung besteht dann darin, die zeitlose Botschaft eines Textes so herauszuarbeiten, dass sie in die Gegenwart hinein verlängert werden kann, ohne dass ihr Aussagegehalt verloren geht.

Wie bei der wörtlichen Auslegung wird auch hier die Bibel als *inspiriertes Gotteswort* angesehen, aber nicht in ihrem Wortlaut, sondern in ihrem Inhalt. Ohne Vorverständnis geht es natürlich auch hier nicht, denn bei der Frage, was *zeitgebunden* und was *zeitlos* ist, kommen Kriterien zum Tragen, die mit unseren heutigen Erkenntnissen und Erfahrungen zu tun haben. So wird die göttliche Botschaft nur dann nicht verloren gehen, wenn wir uns dieser Zeitgebundenheit selbstkritisch bewusst sind und mit ihr sehr vorsichtig umgehen. Denn es darf nicht der Mainstream der modernen Welt darüber entscheiden, was zeitlos ist, sondern nur die „Mitte der Schrift“[9], die man im Kern ihrer Gesamtaussage zu suchen hat. Erst dann kann man versuchen herauszuhören, was das geoffenbarte Gotteswort den Menschen heute sagen will.

Mein eigenes Schriftverständnis

Mein eigenes Schriftverständnis ist im Grundsatz bei diesem Mittelweg angesiedelt[10] und ich möchte dies in den folgenden Thesen beschreiben:

1. In der Bibel wird von den Erfahrungen berichtet, die Menschen mit Gott gemacht haben. Die Bibel ist also weder „vom Himmel gefallen“ noch den Autoren „in die Feder diktiert“ worden. Die beteiligten Menschen haben vielmehr das weitergegeben, was sie erkannt und erfahren hatten. Gott hat sein Wort also Menschen anvertraut, die es von ihren Fragen und Erfahrungen her wahrgenommen haben. Darin liegt das Geheimnis der Integration der biblischen Botschaft in die Welt der Hörer und Leser – denn sonst könnten wir sie überhaupt nicht verstehen.
2. Weil der menschliche Anteil an der Entstehung der Bibel so hoch ist, stellt sich die Frage, ob sie dann trotzdem das geoffenbarte *Wort Gottes* sein kann? Ich bejahe das ohne Einschränkung, denn ich sehe in der Entstehung der biblischen Schriften ein „Gemeinschaftswerk“ der beteiligten Menschen und des Geistes Gottes. Darin ist nicht nur die Autorität der Bibel begründet, sondern auch ihre besondere Stärke, die in ihrer Vielfalt und der Verwurzelung im Leben der Menschen liegt. Auf diese Weise ist sie „von Gott eingegeben“ (2Tim 3,16) – und das gilt umfassend: für die mündliche Überlieferung, die Arbeit der Autoren und Redaktoren und die Entstehung des biblischen *Kanons*, also der Auswahl der Texte, die heute das Alte und das Neue Testament bilden. Diese Sicht über das Wesen der Bibel ist allerdings Glaubenssache, denn ihr Offenbarungscharakter kann ebenso wenig bewiesen werden wie die Existenz Gottes selbst.

---

9 Maier, *Biblische Hermeneutik*, 174ff.
10 Vgl. Berger, *Hermeneutik;* Wilckens, *Kritik der Bibelkritik.*

3. Bei dieser „Arbeitsweise“ des Heiligen Geistes überrascht es nicht, dass die geschichtlichen Spuren aus der Zeit der Verfasser erhalten geblieben sind. Für das *Siebentagewerk* in Gen 1 ist das besonders ausgeprägt. Die grundlegende Botschaft ist eindeutig: Alles, was existiert, ist von Gott geschaffen, der Mensch ist nach dem Bild Gottes gestaltet und seine Schöpfung ist sehr gut. Das Weltbild aber, in das diese Aussagen eingebettet sind, ist überholt: Die Erde schwimmt nicht als Scheibe im Weltenozean, der Himmel ist kein festes Gewölbe über der Erde und Sonne und Mond sind keine Lampen, die angeschaltet werden, wenn es dunkel wird. Um die Schöpfungsbotschaft zu verstehen, müssen wir das tun, was die biblischen Autoren auch getan haben: das Schöpfungshandeln Gottes im Zusammenhang mit dem aktuellen Weltbild verkündigen.
4. Die Arbeit an den biblischen Texten ist ein Suchen nach der Wahrheit, das allerdings in Ehrfurcht vor dem Wort Gottes und im Bewusstsein unserer menschlichen Begrenzung geschehen sollte. Dabei dürfen wir nicht vergessen, dass auch die Kriterien, die unsere Auslegung eines Bibeltextes bestimmen, dieser Grenzerfahrung unterliegen. Damit will ich die Forschungsergebnisse der Bibelwissenschaft und die Leistungen der Exegese nicht kleinreden. Denn ohne sie könnten wir an vielen Stellen die biblische Lehre nicht verstehen. Sie dürfen sich aber nicht *über* die Botschaft der Bibel stellen, weil sie sonst ihre dienende Funktion für den Glauben verlieren. Die Bibelwissenschaft hat also die Aufgabe, den großen zeitlichen Abstand zwischen der Entstehung der Texte und der Gegenwart zu überbrücken und die dem Text und seiner sprachlichen Gestalt innewohnenden Schwierigkeiten zu überwinden. Denn alle Bemühungen um einen Text haben das Ziel, ihn so verstehen zu lernen, dass er zu uns sprechen kann.

Kapitel 3
Einheit und Vielfalt der Schöpfungsgeschichte

Der überlieferte Text der Schöpfungsgeschichte wirft manche Fragen auf. Warum wird sie in wesentlichen Teilen zweimal erzählt und noch dazu auf so unterschiedliche Weise? Warum ist der Stil der beiden Teile so verschieden? Ist hier ein Nacheinander gemeint, das mit der guten Schöpfung Gottes beginnt und mit der Verführung des Menschen endet? Oder wird hier ein Geschehen aus zwei unterschiedlichen Perspektiven erzählt? Was bedeutet es, dass in der biblischen Schöpfungsgeschichte zwei Teile sichtbar werden, die so aussehen, als würden sie sich widersprechen?

Eine Schöpfungsgeschichte in zwei Teilen

Die traditionelle Auslegung von Gen 1–3 geht davon aus, dass es sich bei der Schöpfungsgeschichte um einen einzigen, in sich geschlossenen Text handelt, der von Mose selbst verfasst worden ist.[11] Wer Gen 1–3 im Zusammenhang betrachtet, stellt dagegen schnell fest, dass ein erster Teil der Schöpfungsgeschichte offensichtlich mit Gen 2,4a zu Ende geht: „Das ist die Entstehungsgeschichte von Himmel und Erde, als sie erschaffen wurden." Und in Gen 2,4b beginnt ein neuer Teil: „Zur Zeit, als Gott, der Herr, Erde und Himmel machte …" Es ist möglich, dass Gen 2,4a vom Redaktor des Pentateuchs stammt, der damit beide Teile verbinden wollte, was dann aber noch deutlicher dafür sprechen würde, dass es hier zwei Teile gab, die durch einen Einschub zu einem gemeinsamen Text verbunden werden mussten.[12]

Wenn wir – wie im vorigen Kapitel erörtert – davon ausgehen, dass sowohl die mündliche Überlieferung als auch die Arbeit der Autoren und Redaktoren unter der Führung des Heiligen Geistes stand, ist es

11 So das orthodoxe Judentum und ein Teil der evangelikalen Literatur; vgl. Cassuto, *A Commentary of the Book of Genesis;* Schaeffer, *Genesis in Zeit und Raum;* Gitt, *Das biblische Zeugnis der Schöpfung.*

12 So die meisten neueren Kommentare, z. B. von Rad, *1. Mose* und Westermann, *Genesis 1–11.*

eigentlich unwichtig, ob die Schöpfungsgeschichte einheitlich ist oder aus zwei Teilen besteht. Beides würde ihrer Autorität keinen Abbruch tun. Wenn wir aber die Widersprüche zwischen Gen 1 und Gen 2–3 erklären wollen, ist es ratsam, die ins Auge fallende Zweiteilung zur Klärung der offenen Fragen heranzuziehen.

Welche Unterschiede bestehen nun zwischen den beiden Teilen?

1. Von den stilistischen Unterschieden haben wir bereits gesprochen: Gen 1 berichtet von der Schöpfung in einer feierlichen, verdichteten Sprache, während Gen 2–3 eine fortlaufende Geschichte erzählt.
2. Die beiden Teile setzen unterschiedliche Schwerpunkte: Gen 1 beschäftigt sich mit dem ganzen Universum und spricht daher am Anfang von „Himmel und Erde“. In Gen 2–3 geht es dagegen vor allem um den Menschen und aus dieser Perspektive spricht der Text von „Erde und Himmel“.
3. Gen 1 erklärt die Schöpfung als eine zeitliche Entwicklung und veranschaulicht dies durch die Struktur der sieben Tage. Gen 2–3 erzählt die Geschichte der Erschaffung und Verführung des Menschen in einzelnen Szenen, vom Beginn der Schöpfung an über die Ereignisse im Garten Eden bis zur Vertreibung aus dem Paradies.
4. Beide Teile verwenden verschiedene Gottesnamen. Gen 1 spricht von *elohim* („Gott“), Gen 2–3 dagegen von *jahwe elohim* („Gott, der Herr“).
5. Anzahl und Reihenfolge der einzelnen Schöpfungswerke sind in beiden Teilen verschieden. In Gen 1 finden wir *Himmel und Erde, Wasser, Licht, Meer und Land, Pflanzen, Gestirne, Tiere, Mensch.* In Gen 2 finden wir nur *Erde und Himmel, Feuchtigkeit, Mensch, Pflanzen und Tiere.*
6. In Gen 1 entstehen die Tiere auf das Wort des Schöpfers hin zunächst im Wasser („Das Wasser wimmle …“) und danach auf dem Land („Das Land bringe hervor …“). In Gen 2 dagegen formt Gott den Menschen und danach die Landtiere und Vögel wie ein Töpfer aus Erde.
7. Den bedeutsamsten Unterschied haben wir bereits genannt: In Gen 1 finden wir eine Entwicklung, die am Anfang der Schöpfung mit dem Chaos beginnt und damit endet, dass alle Schöpfungswerke ihren angemessenen Platz gefunden haben und Gott sagen kann: Alles ist sehr gut! In Gen 2–3 dagegen ist es umgekehrt: Die Schöpfung beginnt mit dem Paradies und endet im Chaos: Nichts ist mehr gut!

Sind das Widersprüche, die wir hinzunehmen haben, oder gibt es dafür eine Erklärung? Ist alles „sehr gut“ oder ist „nichts mehr gut“? Unsere Lebenserfahrung sagt: Es stimmt beides! Das kann nur bedeuten, dass die beiden Teile der Schöpfungsgeschichte ihr Thema aus unterschiedlichen Perspektiven betrachten. Ist die Struktur der Schöpfungsgeschichte also *komplementär?*[13] Das würde bedeuten, dass die beiden Teile nicht vereinheitlicht werden können und auch nicht sollen, weil nur durch ihre Unterschiedlichkeit das Verständnis für das Ganze erreicht werden kann.

Überlieferungsfragen

Die Forschungsergebnisse der Bibelwissenschaft haben gezeigt, dass der *Pentateuch,* also die *Fünf Bücher Mose,* ein Sammelwerk ist, das aus verschiedenen mündlichen und schriftlichen Quellen zusammengewachsen ist. Sind die *Fünf Bücher Mose* demnach nicht von Mose geschrieben worden? Es spricht vieles dafür, dass sie keine Bücher *von,* sondern Bücher *über* Mose sind, zumal Mose im Pentateuch nirgends als Autor genannt wird. Aber sie sind so stark von der Gestalt des Mose bestimmt, dass wohl ein Teil der Überlieferung auf Mose oder seine Zeitgenossen zurückgeht, auch wenn sich die redaktionelle Arbeit bis zur endgültigen Fassung des Pentateuch über einen langen Zeitraum erstreckt hat.[14]

Bis in die Siebzigerjahre des vorigen Jahrhunderts gab es eine breite Übereinstimmung in der Bibelwissenschaft, dass der Pentateuch aus vier Hauptquellen zusammengewachsen sei: der *jahwistischen* (um 950 v. Chr.), der *elohistischen* (um 800), dem *Deuteronomium* (um 650) und der *Priesterschrift* (um 550). Inzwischen gibt es eine kaum noch überschaubare Vielfalt an Theorien über die Quellen und ihre Über-

13 „*Komplementarität* ist ein Begriff der Erkenntnistheorie für zwei (scheinbar) widersprüchliche, einander ausschließende, nicht aufeinander reduzierbare Beschreibungsweisen …, die aber in ihrer wechselseitigen Ergänzung zum Verständnis … des Ganzen notwendig sind.“ *(Wikipedia,* http://de.wikipedia.org/wiki/Komplementarit%C3%A4t, Zugriff am 13.05.2015)

14 Oft wird die Autorschaft des Mose damit begründet, dass der Pentateuch im Neuen Testament „Buch des Mose“ genannt wird. Damit soll aber nichts anderes ausgedrückt werden, als dass „Mose der Mittler des Gesetzes ist, durch den Israel das Volk des Gesetzes wurde“. Delitzsch, *Neuer Kommentar über die Genesis,* 14.

lieferungswege, sodass nur noch die Priesterschrift als deutlich erkennbare Quelle anerkannt wird. Deswegen spricht man zurzeit nur noch von *priesterlichen* und *vorpriesterlichen* Texten.[15] Für die Schöpfungsgeschichte ist dies weniger relevant, denn Gen 1 wird auch heute allgemein der Priesterschrift zugeordnet und Gen 2–3 als ein Text aus den älteren Quellenschichten des Pentateuch angesehen. Man kann also auch heute davon ausgehen, dass eine Zeitspanne von mehreren Hundert Jahren zwischen den beiden Teilen liegt.

Unsere heutigen Denkgewohnheiten, die auf Übereinstimmung und Plausibilität aufbauen, hätten moderne Redaktoren dazu gebracht, einen einheitlichen Text zu gestalten. Die Redaktoren zur Zeit des Alten Testaments arbeiteten offensichtlich anders: Sie ließen die Unterschiede stehen, weil sie aus verschiedenen Zeiten und Erfahrungsbereichen stammten und setzten die Vielfalt über die Einheitlichkeit. So kommen die verschiedenen Perspektiven zum Tragen, die biblische Texte so spannend und lebensnah machen. Uns würde viel fehlen, wenn wir nur die Größe der Schöpfung aus Gen 1 kennen würden oder nur die väterliche Fürsorge Gottes im Garten Eden. Deshalb werden wir heute die Schöpfungsgeschichte am besten verstehen, wenn wir die vermeintlichen Widersprüche als Ausdruck der Vielfalt verstehen und die komplementäre Struktur der beiden Teile achten.

Die Einschätzung des Pentateuchs als Sammelwerk wird vom orthodoxen Judentum und Teilen des konservativen Flügels der christlichen Kirchen abgelehnt. Denn sie befürchten, dass damit der Offenbarungscharakter der Bibel angetastet werden könnte. Ich teile diese Einschätzung nicht, denn die Autorität der Bibel ist nicht von der Herkunft der Texte abhängig, sondern von der „Autorisierung" durch den Geist Gottes. Und warum sollte Gott nur den einzelnen Autor inspiriert haben, nicht aber den Redaktor, der die Texte zusammenfügte? Der Redaktor ist für uns schließlich ebenso wichtig wie die Autoren, denn wir kennen nur den Text, den er am Ende nach den ihm vorliegenden Quellen gestaltet hat. Für mich bestärkt es also das Vertrauen zur Bibel, dass an ihrem Entstehen so viele Menschen beteiligt waren, die unter der Führung des Heiligen Geistes gearbeitet haben.

---

15 Zenger *u. a.*, *Einleitung in das Alte Testament*, 92–123.

Weltbilder

Die Schöpfungstexte berühren das Weltbild ihrer Entstehungszeit naturgemäß stärker als andere biblische Texte. Welchen Einfluss hat das damalige Weltbild auf die beiden Teile der Schöpfungsgeschichte gehabt? Ein festes antikes Weltbild gab es nicht, das Weltbild der breiten Masse jedoch war ziemlich einheitlich.[16] Die Erde dachte man sich als eine Scheibe, die von den Wassern der Urflut umgeben war. Darüber wölbte sich ein fester Himmel, das *firmamentum.* Er trennte das Wasser auf der Erde vom Wasser über dem Himmel, das den Regen brachte, wenn sich „die Schleusen des Himmels öffneten" (Gen 7,11). Und am Gewölbe des Himmels waren Sonne, Mond und Sterne befestigt – Lichtquellen, die von vielen als Götter angesehen wurden.

Im Alten Testament kann man aber auch schon die langsame Veränderung des Weltbilds beobachten. Denn zwischen den älteren Texten, zu denen Gen 2–3 gehört, und den Spätschriften gibt es Unterschiede, die eine langsame Veränderung des kosmologischen Weltbilds anzeigen: „Er spannt über dem Leeren den Norden, hängt die Erde auf am Nichts. Er bindet das Wasser in sein Gewölk, doch birst darunter die Wolke nicht" (Hiob 26,7-8). Denn als die Endgestalt des Buches Hiob entstand (um 200 v. Chr.), gewann die Vorstellung der Erde als Kugel und der Wolken als Träger des Regens langsam an Bedeutung.

Bei dieser engen Verzahnung zwischen der Darstellung des Schöpfungsvorgangs und dem jeweils aktuellen Weltbild können wir davon ausgehen, dass sich der zeitliche Abstand, der zwischen den beiden Teilen der Schöpfungsgeschichte liegt, bemerkbar macht. So wendet sich Gen 2–3 an Menschen, bei denen die rationale Erfassung von Naturereignissen noch nicht ausgeprägt ist. Daher erzählt der ältere Teil der Schöpfungsgeschichte die Erschaffung der Erde und des Menschen in der Art eines bilderreichen Gleichnisses. Der Mensch steht im Mittelpunkt des Interesses, nicht das Weltall oder die Natur der Erde. Gott ist wie ein Töpfer, der seine Geschöpfe aus Erde formt; und wie ein Vater, der seine Menschenkinder in den Garten Eden setzt, in dem es alles gibt, was sie brauchen. Und das Böse ist wie eine Schlange, die sich anschleicht und den Zweifel sät: „Sollte Gott gesagt haben …?"

16 Christoph Koch, *Stichwort „Welt/Weltbild (AT)"*, WiBiLex der Deutschen Bibelgesellschaft, März 2013, http://www.bibelwissenschaft.de/stichwort/34756/, Zugriff am 13.05.2013.

Gen 1 spricht einige Hundert Jahre später zu Menschen, die bereits gewohnt sind, bestimmte naturwissenschaftliche Zusammenhänge wahrzunehmen. Schließlich ist dieser Text in einer Zeit entstanden, in der Wissenschaftler wie Pythagoras bereits die Kugelgestalt der Erde erkannt hatten und sich das Weltbild langsam veränderte. Gen 1 bleibt prinzipiell zwar noch beim alten Weltbild mit der Erde als Scheibe und dem Himmel als Gewölbe, denn das entsprach der Auffassung der breiten Mehrheit der Bevölkerung – die neuen Erkenntnisse kündigen sich aber schon an: „Oberhalb" und „unterhalb" bei der Beschreibung des Himmelsgewölbes deuten eine erste Vorstellung von räumlichem Denken an. Es wird die Beziehung der Gestirne zur Zeit erwähnt. Man erkennt Meer und Land als eigenständige Lebensräume, in denen sich unterschiedliche Arten von Lebewesen entwickeln können. Und so kann Gen 1 seinen Zeitgenossen die Schöpfung bereits als Entwicklungsvorgang erklären, dargestellt in der Struktur der sieben Tage. Zusammengefasst heißt das: Gott schuf Himmel und Erde und ordnete anschließend das Chaos, damit stufenweise Leben entstehen konnte: Tiere, Pflanzen und Menschen.

Aber warum ordnet sich der allwissende Gott in seiner Botschaft so absolut den Wissensgrenzen des Menschen unter? Die Antwort ist einfach: Weil sich Gott den Menschen verständlich machen will, muss er in ihre Zeit hinein sprechen. Stellen wir uns einmal vor, die Schöpfung wäre in biblischen Zeiten auf der Basis unseres heutigen kosmologischen Wissens beschrieben worden, also mit Urknall, Lichtjahren, Sternennebeln, Schwarzen Löchern und Superstrings – niemand hätte es damals verstanden. Und wenn uns Gott heute seine Schöpfung mit *seinem* eigentlichen Wissen beschreiben würde, könnten wir es ebenso wenig verstehen, trotz Relativitätstheorie und Quantengravitation.[17]

Wenn wir uns klarmachen, dass Gottes Schöpfungsbotschaft aus Gründen der Verständlichkeit in das jeweils zeitgemäße Weltbild integriert werden musste, fällt ein wesentlicher Stolperstein in der Beziehung zwischen Naturwissenschaft und Schöpfungsglaube weg. So wie die biblischen Texte die damalige Naturerkenntnis widerspiegeln, müssen wir den Schöpfungsglauben heute im Rahmen unseres aktuellen Weltbilds darstellen. Die Toleranz zwischen Schöpfungsglaube und Weltbild ist aber nur dann möglich, wenn sich beide Bereiche nicht grundsätzlich infrage stellen. Das bedeutet: Kann die Naturwissenschaft einen Schöpfergott

---

17 Für das heutige kosmologische Weltbild gibt es gute erklärende Literatur, z.B. HAWKING, *Eine kurze Geschichte der Zeit* oder BOJOWALD, *Zurück vor den Urknall.*

für denkbar halten, auch wenn dieser Gedanke außerhalb ihrer eigenen Erkenntnisfähigkeit liegt? Und kann der Schöpfungsglaube akzeptieren, dass es Aufgabe der Wissenschaft ist, alles zu erkennen, was erkennbar ist?

Biblische Pädagogik

Wer versucht, die Schöpfungsgeschichte mit ihren beiden Teilen zu einer gemeinsamen Botschaft zusammenzufassen, wird vor eine Frage gestellt, die zu allen Zeiten aktuell war: Warum ist die Schöpfung so gut und doch so untrennbar mit dem Bösen verknüpft? Und warum schließt der Bericht über das Siebentagewerk in Gen 1 mit einem großen Lob für die Schöpfung, während Gen 2–3 mit der Vertreibung aus dem Paradies in einer Katastrophe endet? Warum sind die beiden Ebenen, die hier sichtbar werden, nicht miteinander verbunden worden? Wenn wir auch dem Redaktor oder den Redaktoren des Pentateuch zubilligen, bei ihrer Arbeit unter der göttlichen Inspiration gestanden zu haben, muss es einen bestimmten Grund geben, dass die beiden unterschiedlichen Teile der Schöpfungsgeschichte so nebeneinandergestellt worden sind. Denn an anderen Stellen hat der Redaktor durchaus Texte aus mehreren Quellen zu einem gemeinsamen Text verbunden, wie etwa in der Erzählung von der Sintflut.[18]

Den Grund, den ich dafür sehe, möchte ich an einem Beispiel deutlich machen. Jeder kennt das Bild des Matterhorns, denn die schmale, zum Himmel ragende Silhouette dieses Berges ist in Europa einmalig. Der Berg wird allerdings immer nur von der schweizerischen Seite aus fotografiert, denn die italienische Seite ist überhaupt nicht attraktiv. Es ist derselbe Berg, aber er hat eine schöne und eine weniger schöne Seite. Wer vor dem Berg steht, kann immer nur eine der beiden Seiten sehen. Und weil ich das Matterhorn vor Jahren selbst bestiegen habe, weiß ich, dass vom schmalen Gipfelgrat aus von den Seiten des Berges überhaupt nichts zu sehen ist. Wie kann man dann aber den ganzen Berg erkennen? Es gibt nur eine Möglichkeit: Man muss den Berg erst von der einen und dann von der anderen Seite betrachten und danach versuchen, die beiden Seiten in der eigenen Vorstellung zusammenzusetzen.

Genau das hat die Weisheit Gottes durch die Arbeit des Redaktors verwirklicht. Mit Gen 1 können wir ohne Abstriche die Qualität von Gottes Schöpfung loben und uns immer wieder an der Schönheit der

---

18 Schüle, *Die Urgeschichte*, 121.

Welt erfreuen. Mit Gen 2–3 können wir uns in aller Deutlichkeit die Gefährdung der Schöpfung vor Augen führen, die durch das Misstrauen des Menschen gegen Gottes Gebote begonnen hat. Würden wir heute die beiden Teile der Schöpfungsgeschichte zu einem Text zusammenfassen, hätten wir sie wahrscheinlich harmonisiert und damit ein nichtssagendes „Kompromiss-Matterhorn" geschaffen – einen durchschnittlichen Berg, der niemand wirklich interessiert.

So könnte es uns gehen, wenn wir beim Lob der Schöpfung immer gleich auf die Verfehlungen des Menschen hinweisen würden. Nicht besser wäre es, wenn wir die Wahrnehmung des Bösen ständig durch das Lob der Schöpfung relativieren würden. Mit diesem „Ja, aber ..." könnten wir uns nie richtig an der Schöpfung erfreuen und nie in aller Klarheit erkennen, wohin uns der Aufstand gegen Gott führt. Das „Nichts ist wirklich gut" oder das „Es ist alles halb so schlimm" würde uns darüber hinaus jede Motivation nehmen, mit aller Hingabe nach einem schöpfungsgemäßen Lebensstil zu suchen. Die Frage, woher das Böse kommt, wird in Gen 1–3 nicht beantwortet. Es wird uns aber die Möglichkeit gegeben, den Istzustand der Schöpfung von beiden Seiten aus zu sehen: als Lob der Schöpfung und als Warnung vor schöpfungswidrigem Verhalten.

Dadurch bleibt eine lebenswichtige Spannung erhalten: Es ist dem Menschen nicht gelungen, so in Gottes Schöpfung zu leben, wie es vom Schöpfer gedacht war. Es ist aber auch dem Bösen nicht gelungen, alles „Paradiesische" aus der Welt zu vertreiben. So bleibt für den Menschen ein Raum der Verantwortung bestehen und damit die Motivation, den „Garten der Schöpfung" zu bebauen und zu bewahren. Die Schöpfung ist dem Menschen anvertraut und er soll so in ihr leben, dass ihr Geschaffensein durch Gott sichtbar bleibt – auch wenn die vollkommene Schöpfung erst dem „neuen Himmel und der neuen Erde" verheißen ist (Jes 65,17-25).

Dem pädagogischen Einfühlungsvermögen des Heiligen Geistes „hat es gefallen", uns zunächst die schöne Seite der Schöpfung zu zeigen, um dann nicht weniger deutlich auf die Fehlbarkeit des Menschen hinzuweisen. So wie das Matterhorn trotz seiner so unterschiedlichen Seiten *ein* Berg ist, können wir auch in der Schöpfungsgeschichte trotz ihrer beiden so verschiedenen Teile die *eine* Schöpfungsbotschaft Gottes erkennen. Wir können sie aber nur dann in ihrer ganzen Tiefe wahrnehmen, wenn wir sie aus den beiden Perspektiven betrachten, die uns Gen 1–3 anbietet.

Kapitel 4
Schöpfungsglaube und Naturwissenschaft

Wenn wir die real existierende Welt zum einen aus der religiösen und zum anderen aus der naturwissenschaftlichen Perspektive betrachten, entstehen tief greifende Fragen:

1. Ist die Welt das Ergebnis einer göttlichen Schöpfung oder ist sie irgendwie aus sich heraus entstanden?
2. Folgt die Entwicklung des Lebens einer ungesteuerten Evolution oder entspricht sie dem Plan eines Schöpfers?
3. Stehen sich Schöpfungsglaube und Naturwissenschaft als unvereinbare Anschauungen gegenüber oder ist ein Zusammenwirken der unterschiedlichen Perspektiven, aus denen sie die Welt betrachten, denkbar?

Ein spannungsvolles Verhältnis

Das Verhältnis zwischen Schöpfungsglauben und Naturwissenschaft will ich in sieben Thesen beschreiben:

1. Schöpfungsglaube und Naturwissenschaft beschäftigen sich mit demselben Gegenstand: der Welt, in der wir leben. Ihre Erkenntnisse aber gewinnen sie auf unterschiedlichen Wegen und durch verschiedene Methoden. Der Schöpfungsglaube geht von einer göttlichen Offenbarung aus, die durch die biblischen Schöpfungstexte vermittelt wird, und deutet aus dieser Perspektive Entstehung und Entwicklung der Welt. Die Naturwissenschaft erforscht die materielle Welt mithilfe der von ihr entdeckten Naturgesetze, um die Natur und ihre Zusammenhänge zu erkennen und ihre Forschungsergebnisse für das Leben der Menschen nutzbar zu machen.
2. Ein Gegenstand der Betrachtung, aber ganz unterschiedliche Erkenntniswege – da ist es kein Wunder, dass es immer wieder zu großen Spannungen zwischen Schöpfungsglaube und Naturwissenschaft kommt, die das Gespräch zwischen den beiden Bereichen erschwe-

ren.[19] Dies müsste nicht unbedingt sein, denn beide Bereiche kommen sich – objektiv gesehen – eigentlich nicht „in die Quere", es sei denn, der Schöpfungsglaube oder die Naturwissenschaft beanspruchte eine absolute Meinungsführerschaft. Denn dem Schöpfungsglauben sind die Strukturen der materiellen Welt nur in engen Grenzen zugänglich, und hier besitzt die Naturwissenschaft ihre eigentliche Stärke. Und da, wo der Schöpfungsglaube von seinem Ansatz her weitreichendere Aussagen machen kann, sind der Naturwissenschaft enge Grenzen gesetzt.

3. Schöpfungsglaube und Naturwissenschaft stehen in einem *komplementären* Verhältnis zueinander.[20] Obwohl ihre unterschiedlichen Erkenntniswege nicht vereinheitlicht werden können, brauchen sie sich gegenseitig, denn die Welt in ihrer Ganzheit kann nur aus der gegenseitigen Ergänzung heraus verstanden werden. Dabei dürfen die beiden Bereiche ihre Erkenntnisse nicht vermischen, weil sie dabei jeweils „unscharf" werden würden. Sie brauchen vielmehr die Selbsterkenntnis, dass sowohl der Schöpfungsglaube als auch die Naturwissenschaft die Welt in ihrer Ganzheit nur unvollständig erkennen kann. Denn beide können nur ihren jeweils eigenen Zugang zur Wirklichkeit der Welt nutzen. Erst diese Einsicht macht sie fähig zum Gespräch.
4. Eigentlich müsste sowohl die Naturwissenschaft als auch die Theologie den Umgang mit komplementären Strukturen verstehen, denn beide kennen dieses Phänomen auch intern. Das bekannteste naturwissenschaftliche Beispiel ist die Natur des Lichts, das je nach Versuchsanordnung als Teilchen oder als Welle erscheint, aber nie in beiden Zuständen gleichzeitig wahrgenommen werden kann. In der Theologie gibt es die komplementäre Aussage, dass Jesus Christus „wahrer Mensch und wahrer Gott" ist. So sollte es sowohl für die Naturwissenschaft als auch für den Schöpfungsglauben möglich sein, einander als *komplementäre Verstehensweisen* anzuerkennen.
5. Die Botschaft der Bibel von Gott als dem Schöpfer ist nur vom Erkenntnisweg des Glaubens her verstehbar und kann durch die Naturwissenschaft weder widerlegt noch bewiesen werden. Das gilt

19 Vgl. Dürr u. a., *Gott, der Mensch und die Wissenschaft*, Dokumentation eines Gesprächs zwischen den Naturwissenschaftlern und Theologen Dürr, Meyer-Abich, Mutschler, Pannenberg und Wuketits.

20 Alexander, *Die Beziehung zwischen Naturwissenschaft und Religion.*

natürlich auch umgekehrt: Beweisbare Aussagen über die materielle Welt sind nur auf dem Erkenntnisweg der Naturwissenschaft zu gewinnen. Es geht also nicht darum, sich auf eine gemeinsame Erkenntnis zu einigen, sondern einander die richtigen, weil weiterführenden Fragen zu stellen. Sobald allerdings *Fragen zu stellen* zu einer grundlegenden *Infragestellung* führt, sind die Möglichkeiten der Kommunikation verloren.

6. Es gibt zwei Engführungen, die geeignet sind, jedes fruchtbare Gespräch zwischen dem Schöpfungsglauben und der Naturwissenschaft unmöglich zu machen. Das ist einmal ein *Atheismus,* der versucht, naturwissenschaftliche Erkenntnisse zu instrumentalisieren, um die Nichtexistenz Gottes proklamieren zu können. Auf der anderen Seite gibt es den *Kreationismus,* der die biblischen Aussagen über die Schöpfung als naturwissenschaftliche Fakten ansieht. In beiden Fällen ist das eine Überschreitung der Grenzen, die sowohl dem Schöpfungsglauben als auch der Naturwissenschaft gegeben sind.
7. Es ist gut, dass es die beiden unterschiedlichen Wege gibt, die Welt zu erkennen: den Schöpfungsglauben und die Naturwissenschaft. Sie sind keine Feinde, sondern Partner, die sich gegenseitig in ihrer Unterschiedlichkeit akzeptieren sollten. Denn sie teilen sich die Verantwortung für den Planeten Erde und das Leben auf ihm. Sie können sich gegenseitig ergänzen und sagen: Lasst uns miteinander den *Garten der Erde* „bebauen und bewahren“!

Kosmologie und Evolutionsbiologie

Die Physik und mit ihr die Kosmologie hat im 20. Jahrhundert vor allem durch die Relativitätstheorie und die Quantenphysik eine revolutionäre Veränderung erfahren[21], die das Verhältnis zwischen Naturwissenschaft und Schöpfungsglaube im Kern berührt. Das materialistische Weltbild, bei dem das Universum als eine Art festgefügtes Uhrwerk angesehen wird, hat einem dynamischeren Modell Platz gemacht. „Wir leben nicht in einem kosmischen Uhrwerk, sondern in einem kosmischen Netz, einem Netz aus Kräften und Feldern, aus umfassenden Quanten-

21 Siehe HAWKING, *Eine kurze Geschichte der Zeit;* DAVIES/GRIBBIN, *Auf dem Weg zur Weltformel* und BOJOWALD, *Zurück vor den Urknall.*

verbindungen und nichtlinearer, kreativer Materie."[22] Das heutige Standardmodell geht von einem konkreten Anfang des Universums aus, dem *Urknall*, der sich vor etwa 13,7 Milliarden Jahren ereignet hat. Dabei war die ganze Materie und Energie des Universums in einem einzigen „Punkt" konzentriert, der damit auch Raum und Zeit enthielt. Nun dürfen wir nicht einfach die Ebenen vertauschen und *Schöpfung* und *Urknall* als identisches Ereignis sehen. Aber wir können feststellen, dass Schöpfungsglaube und Kosmologie gemeinsam davon ausgehen, dass unser Universum einen realen Anfang hatte, der so beschaffen war, dass alle Entwicklungsmöglichkeiten des Kosmos und des Lebens auf der Erde darin enthalten waren.

Was aber war vorher? Die Physik sagt, dass es kein Vorher gegeben haben kann, weil die *Zeit* ja auch erst mit dem Urknall entstanden ist. Nun gibt sich unser „gesunder Menschenverstand" mit der Erkenntnis, dass es kein Vorher gegeben haben kann, nicht zufrieden, denn wir leben in einer Welt, in der alles, was geschieht, immer ein Vorher gehabt hat. Naturwissenschaftliche Theorien über das, was vorher gewesen sein könnte, sind naturgemäß spekulativ und stoßen an die Grenzen des Beobachtbaren. Hier bietet der Schöpfungsglaube ein Denkmodell an, denn er geht davon aus, dass es ein Vorher nur durch einen Gott gegeben haben kann, der außerhalb von Raum und Zeit steht, weil er von „Ewigkeit zu Ewigkeit" ist. Der Schöpfungsglaube betrachtet das Sein Gottes als letzte und tiefste Realität, die hinter allen Dingen steht, und weil das eine Glaubenserkenntnis ist, kann sie durch die Naturwissenschaft weder bestätigt noch widerlegt werden. „Urknalltheorie und Schöpfungsglaube widersprechen sich nicht, sie sind aber auch nicht zu harmonisieren."[23] Wir bleiben also im Status der Komplementarität, der uns aber die Möglichkeit gibt, den *Kampf der Weltbilder* zu verlassen und in die *Welt des Dialogs* einzutreten.

Damit das Leben auf der Erde entstehen konnte, brauchte es ungewöhnlich spezifische Naturgesetze, die heute unter dem Stichwort des *Anthropischen Prinzips* zusammengefasst werden: „Die zentrale Erkenntnis des Anthropischen Prinzips besteht darin, dass die gesetzmäßige Notwendigkeit eine extrem spezielle Form haben musste – oft mit Feinabstimmung der Naturgesetze bezeichnet – damit die Entstehung der *anthropoi*, der ‚Menschheit', innerhalb der Zeitspanne der kos-

---

22 DAVIES/GRIBBIN, 17.

23 KÜNG, *Der Anfang aller Dinge*, 137.

mischen Geschichte überhaupt möglich war. Anders ausgedrückt: Die Erkundung von Möglichkeiten durch einen Evolutionsprozess (Zufall) hätte allein nicht ausgereicht, wenn die Naturgesetze (Notwendigkeit) nicht genau die Form gehabt hätten, die für die Existenz von Leben notwendig ist."[24] Gibt es eine Erklärung dafür, wie es zu dieser Feinabstimmung der Naturgesetze gekommen ist?

Will man eine *theistische* Erklärung, also die Annahme eines Schöpfer-Gottes, vermeiden, bleibt nur die Erklärung eines *Multiversums,* also die Annahme, dass es sehr viele Universen gibt, von denen zufällig eines, eben das unsere, fähig gewesen ist, kohlenstoffbasiertes Leben zu entwickeln. Diese Ansicht ist aber rein spekulativ, weil andere Universen bisher nicht beobachtbar werden konnten. Da zudem die meisten Fragen des anthropischen Prinzips dadurch nicht geklärt werden können, kommt *Polkinghorne* zu folgendem Fazit: „Das Multiversum ist in dieser Form nicht mehr als ein metaphysischer Rateversuch von exzessiver ontologischer Üppigkeit – auf den man sich zum Teil deshalb beruft, so mag es scheinen, um den Theismus zu vermeiden …"[25]

Der Schöpfungsglaube hat es hier einfacher, denn er kann davon ausgehen, dass die Feinabstimmung der Naturgesetze daher rührt, dass sie der Schöpfer so gestaltet hat, um die Entstehung von Leben zu ermöglichen. Wer diese grundlegende Erklärung akzeptiert, kann mit ihr auch die vielen sehr speziellen Einzelheiten der kosmischen Struktur erklären, an denen die Idee des Multiversums scheitert. Aber passen wir auf: Das anthropische Prinzip ist *kein* Gottesbeweis und öffnet auch nicht die Tür zu neuen philosophisch-theologischen Überlegungen, die zu einem Gottesbeweis führen könnten. Denn ein Gott, der bewiesen werden kann, ist kein Gott – sein Göttlichsein beruht ja gerade darauf, dass er außerhalb von Raum und Zeit steht. Beides – die Idee des Multiversums und der Schöpfungsglaube sind naturwissenschaftlich gesehen spekulativ, aber „die anthropische Spezifität unserer Welt … leistet einen aufschlussreichen Beitrag zu einem kumulativen Plädoyer für den Theismus als die beste Erklärung für die Beschaffenheit der Welt, in der wir leben."[26]

Gibt es auch zwischen der Evolutionsbiologie und dem Schöpfungs-

---

24 Polkinghorne, *Das Anthropische Prinzip im Kontext von Naturwissenschaft und Religion,* 1.

25 Polkinghorne, 5.

26 Polkinghorne, 5.

glauben Brücken, die sich für ein Gespräch mit der Möglichkeit der gegenseitigen Ergänzung nutzen lassen? Diese Frage ist besonders wichtig, weil durch die Auseinandersetzung zwischen zwei radikalen Positionen, dem Kreationismus und einer atheistisch vereinnahmten Evolutionsbiologie, viel „Porzellan zerschlagen" worden ist.[27]

Seit Darwins epochalem Werk *Die Entstehung der Arten durch natürliche Zuchtwahl* (1859) geht es in der Diskussion zwischen Schöpfungsglaube und Naturwissenschaft um die Frage der *Evolution.* Sie ist die „grundlegende Erkenntnis, dass die heute existierenden Lebewesen Produkte komplizierter und lang andauernder evolutionärer Wandlungsprozesse verkörpern."[28] Der hundertjährige Streit zwischen Evolutionstheorie und Kirche ging um die Frage, ob die Arten, die wir heute kennen, am Anfang ein für alle Mal geschaffen wurden oder eine Evolution durchlaufen haben. Die *Artenkonstanz* der traditionellen Schöpfungslehre wird heute nur noch im kreationistischen Bereich vertreten. Denn zwischen der Theologie und der Evolutionsbiologie gibt es inzwischen eine breite Übereinstimmung, dass es in allen Bereichen des Lebens Evolution gab und gibt.

Barbara Drossel unterscheidet drei Bedeutungen von *Evolution:*[29] die „Tatsache der Evolution", die inzwischen so gut belegt ist, dass man ihr nur noch aus „ideologischen" Gründen widersprechen kann; die „Theorie der Evolution", die weiterhin starken Veränderungen unterworfen ist und noch viele ungelöste Fragen kennt; und die „Weltanschauung Evolution", die in der Evolution einen ungeplanten und ausschließlich materiellen Prozess sieht. Unsere Exegese von Gen 1 wird zeigen, dass die Theorie der Evolution und der Schöpfungsglauben durchaus miteinander vereinbar sind. Die Differenz setzt erst mit der weltanschaulichen Frage ein, ob das Leben und damit der Beginn der Evolution total aus sich heraus entstanden ist oder seinen Ursprung bei einem Schöpfer hat. Schöpfungsglaube und Evolution als Weltanschauung stehen also nach wie vor in einem Widerspruch, der im Kern beider Positionen verankert ist.

Wie ist an dieser Stelle die Position des *Intelligent Design* einzuordnen? Entstanden ist die Auffassung des *Intelligent Design* durch die

---

27 Vgl. Wuketits, *Grundriss der Evolutionstheorie;* Hemminger, *Und Gott schuf Darwins Welt;* Masuch/Staudinger, *Geschöpfe ohne Schöpfer?*

28 Wuketits, 3f.

29 Drossel, *Die Evolution und der Designer*, 62.

Annahme, „dass die Wahrscheinlichkeit für die Entstehung der komplizierten, sinnvoll konstruierten Organe und Verhaltensweisen der Lebewesen durch Mutations- und Selektionsvorgänge so gering ist, dass sie als unmöglich gelten muss."[30] Für diese These spricht einiges, nicht jedoch für die Konsequenz, welche die Anschauung des *Intelligent Design* daraus zieht. Denn die Annahme, dass es dann einen „intelligenten Schöpfer" geben muss, ist nicht zwingend und „riecht" schon wieder nach dem Versuch eines Gottesbeweises. Nehmen wir an, dass die Unmöglichkeit, die Evolution durch Mutation und Selektion zu erklären, stimme, würde sich daraus nur ergeben, dass man nach einer stimmigeren Erklärung suchen müsste. Wie wir beim anthropischen Prinzip gesehen haben, gibt es gute Gründe, die Entstehung unserer Welt mit der Existenz eines Schöpfers zu erklären, aber keine Berechtigung, dies mit naturwissenschaftlichen Erkenntnissen begründen zu wollen.

Gen 1 sagt, dass Gott der Natur die Fähigkeit zur Evolution gegeben hat, denn sein Schöpfungswort setzt sie in Gang: „Das Wasser wimmle von Lebewesen ..." und „Die Erde bringe hervor ...". Es ist also eine *theistische* Sicht der Evolution denkbar. Sie sieht in Gott den Urheber alles Seienden und gleichzeitig den Partner der *creatio continua,* der fortdauernden Schöpfung. Denn unsere Exegese wird auch zeigen, dass sich Gott aus seiner Verantwortung für die Schöpfung nicht zurückgezogen hat. Wie man sich dieses Miteinander von *creatio continua* und Evolution zu denken hat, ist allerdings umstritten. Die vielen Versuche dazu, die Walter Klaiber beschreibt[31], zeigen, wie ungelöst das Problem immer noch ist, die Schöpfung *als* Evolution erklären zu können.

Kreationistisch und atheistisch vereinnahmte Evolutionsbiologie

Zunehmend hat sich – in den USA noch stärker als in Europa – ein Streit in den Vordergrund geschoben, der in der Öffentlichkeit als Auseinandersetzung zwischen Schöpfungsglauben und Naturwissenschaft wahrgenommen wird, in Wirklichkeit aber nur mit den jeweiligen Engführungen *Kreationismus* und *atheistisch vereinnahmte Evolutionsbiologie*

30 Hemminger, 140.
31 Klaiber, *Schöpfung*, 93–95.

zu tun hat.[32] Wir haben bereits gesehen, dass der Kreationismus keineswegs den Schöpfungsglauben repräsentiert. Und der Atheismus eines Richard Dawkins hat seinerseits den Rahmen einer soliden naturwissenschaftlichen Argumentation verlassen.[33] Das muss der Öffentlichkeit aber viel deutlicher vermittelt werden, als das bisher geschehen konnte.

Der Kreationismus ist in sich durchaus vielschichtig[34], alle seine Varianten aber zeichnet aus, dass die biblische Schöpfungsgeschichte wörtlich genommen und als Alternative zu den Forschungsergebnissen der Kosmologie und Entwicklungsbiologie gesehen wird. Auf der anderen Seite steht ein kämpferischer Atheismus, der die Evolutionsbiologie instrumentalisieren will, um die Existenz Gottes anzuzweifeln. Beide Gruppen gehen in ihrem Streit davon aus, dass die biblischen Schöpfungstexte die wissenschaftlich belegbaren Fakten zur Entstehung der Welt beschreiben wollen. Die Kreationisten sehen darin die Basis für ihr Naturverständnis, während sich ihre Gegner an dem theologischen Missverständnis, die Schöpfungstexte der Bibel seien ein Naturkundebuch, abarbeiten.

Der Kreationismus will die Autorität der Bibel stärken, indem er ihre Aussagen über die Schöpfung wörtlich nimmt. In Wirklichkeit reduziert er dabei die Schöpfungsbotschaft auf die naturwissenschaftlichen Erkenntnisse einer längst vergangenen Epoche, deren Weltbild die biblischen Texte nur benutzten, um sich damals verständlich zu machen. So erreichen die Kreationisten bei ihrem Versuch, die Bibel zu „retten", das Gegenteil. Denn damit wird die Botschaft der Bibel, dass Gott der Schöpfer des Universums und des Lebens ist, an der großen Mehrheit der Menschen des 21. Jahrhunderts vorbeigeleitet.

Auf der anderen Seite sieht es nicht besser aus, denn ein „missionarischer Atheismus" ist ebenfalls eine Art von Religion, nur anders herum gepolt als das Christentum. Bei Autoren wie Dawkins wird nur die Wissenschaft als rational dargestellt, jede Religion dagegen als irrational eingestuft oder als „Gotteswahn" denunziert.[35] Dadurch wird ein ab-

---

32 Literatur aus dem Bereich des Kreationismus: Wilder-Smith, *Die Naturwissenschaften kennen keine Evolution;* Gitt, *Das biblische Zeugnis der Schöpfung;* Gish, *Fossilien und Evolution.* Literatur aus dem Bereich der atheistisch vereinnahmten Evolutionsbiologie: Kotthaus, *Propheten des Aberglaubens;* Dawkins, *Der blinde Uhrmacher;* Dawkins, *Der Gotteswahn.*

33 Lüttge/Mayer, *Natur und Geist,* 7f.

34 Vgl. Hemminger, 70–74.

35 Dawkins, *Der Gotteswahn,* 11–20.

soluter Gegensatz zwischen Schöpfungsglauben und Naturwissenschaft konstatiert, der einer genaueren Nachprüfung nicht standhält. Leichtfertig wird daher jeder Schöpfungsglaube mit dem Kreationismus gleichgesetzt, ohne zu sehen, dass die Theologie den Schöpfungsglauben meist viel differenzierter darstellt, als es ihre Gegner behaupten.

Die ganze Auseinandersetzung basiert also im Kern auf einem unsachgemäßen Schriftverständnis, dem beide Seiten anheimgefallen sind. Denn recht verstandener Schöpfungsglaube will die Schöpfung nicht auf naturwissenschaftliche Weise beschreiben, sondern *theologisch deuten*, indem er alles, was existiert, auf das schöpferische Wirken Gottes zurückführt. Dabei ist er offen für jeden Fortschritt in der Erklärung der Naturphänomene und ihrer Zusammenhänge. Denn so, wie sich die Bibel für vergangene Weltbilder geöffnet hat, kann es der Schöpfungsglaube auch mit dem Weltbild des 21. Jahrhunderts tun. Und das bedeutet, dass er zusammen mit der Naturwissenschaft neugierig auf das ist, was Kosmologie und Biologie und andere für den Schöpfungsglauben relevante Wissenschaften auch in Zukunft entdecken werden.

Angesichts der zunehmenden Krise auf dem Planeten Erde kann die Bedeutung des Gesprächs zwischen Naturwissenschaft und Theologie kaum überschätzt werden. Wie wäre es, wenn sich Theologen und Naturwissenschaftler angesichts dieser Verantwortung als *Suchende* zusammenfänden?

Kapitel 5
Im Anfang
(Genesis 1,1-2)

Die beiden ersten Verse von Gen 1 bilden das Fundament für die gesamte Schöpfungsbotschaft der Bibel und verdienen deshalb unsere besondere Aufmerksamkeit. Dies ist auch deshalb geboten, weil es zu kaum einem anderen Bibeltext so viele unterschiedliche Meinungen und Auslegungen gibt.[36] Es würde den Ansatz dieses Buches überfordern, sich mit den unterschiedlichen Auslegungen auseinanderzusetzen. Ich kann also hier nur meine Exegese darlegen und begründen – und ich sehe sie als Teil einer umfassenden Suchbewegung, um herauszufinden, welche Botschaft die Schöpfungstexte der Bibel für unsere Gegenwart bereithalten.[37]

„Im Anfang …"

Wir kennen den ersten Satz der Bibel zumeist so: „Am Anfang schuf Gott Himmel und Erde." Das entspricht allerdings nicht ganz dem hebräischen Text, denn im Gegensatz zu „Am Anfang" ist das hebräische *bereschit* keine Zeitangabe. Das Wort ist vielmehr von *Kopf* abgeleitet, und was das bedeutet, kann am besten die *Vulgata,* die lateinische Übersetzung des Alten Testaments, erklären. Denn dort heißt es *principium,* und das meint den tiefsten Grund einer Sache, das *Prinzip.* In den neueren Übersetzungen heißt es meist „Im Anfang", obwohl das im Deutschen eine gewöhnungsbedürftige Formulierung ist. Was ist nun mit *bereschit* gemeint?

Gott hat sich „im Anfang", an irgendeinem „Punkt der Ewigkeit", ohne jeden äußeren Anlass, also *prinzipiell,* an die Arbeit gemacht und das Wesen der Welt, in der wir leben, entworfen. Deshalb hat die Theologie seit alters her die Schöpfung als *creatio ex nihilo,* als „Schöpfung

---

36 Ich habe zu Gen 1–3 durchgehend folgende Kommentare zu Rate gezogen: von Rad, *Das erste Buch Mose;* Westermann, *Genesis 1–11;* Klaiber, *Schöpfung;* Schüle, *Die Urgeschichte;* Bräumer, *Das erste Buch Mose.*

37 Eine Auseinandersetzung mit den unterschiedlichen Auslegungen findet man in den erwähnten Kommentaren, vor allem im großen Genesiskommentar von Westermann.

aus dem Nichts" bezeichnet.[38] Gott hat die Welt voraussetzungslos geschaffen, er allein bestimmte den Zeitpunkt seiner Schöpfung und die Struktur, die er ihr gab. Beschreiben kann man diesen prinzipiellen Anfang nicht, denn er hat sich außerhalb unserer Erkenntnis und Vorstellungskraft und auch außerhalb von Raum und Zeit ereignet. Und so kann auch Gen 1 die Schöpfung nur als voraussetzungslose Tatsache beschreiben.

Die Besonderheit der biblischen Perspektive wird deutlich, wenn wir die Schöpfung mit dem Standardmodell der Kosmologie, der *Urknall-Hypothese,* vergleichen. Denn der Urknall ist ein zeitliches Geschehen, dessen Zeitpunkt man heute ziemlich genau berechnen kann. Und weil die Zeit physikalisch erst mit dem Urknall entstand, kann die Kosmologie über das Vorher nur spekulieren. Das „Im Anfang" der Bibel jedoch versetzt das Geschehen der Schöpfung in eine andere Dimension, die weder als Zeit noch als Materie zu fassen ist: in die Ewigkeit Gottes. „Ehe die Berge geboren wurden, die Erde entstand und das Weltall, bist du, o Gott, von Ewigkeit zu Ewigkeit" (Ps 90,2). Der Schöpfungsglaube bietet hier ein übergreifendes, zeitloses Modell der Entstehung der Welt an. Aus naturwissenschaftlicher Sicht ist es natürlich ebenso spekulativ wie die Theorien über das „Was" vor dem Urknall. Vom Erkenntnisweg des Schöpfungsglaubens her ist dies trotzdem ein genuiner Ansatz, denn er entspricht genau der Art und Weise, wie der Schöpfungsglaube die Welt zu erfassen und deuten versucht.

… schuf Gott …"

Mit dem Wort *bara,* „schuf", wird gleich am Anfang unseres Textes die Souveränität Gottes als Schöpfer betont. Denn *bara* wird in der hebräischen Bibel nur für das Schaffen Gottes gebraucht, nicht aber für das Tun des Menschen. Alles, was ist, hat Gott geschaffen und somit ist jedes menschliche Erkennen und Gestalten ein „Nachschaffen", abhängig von dem Fundament, das Gott gelegt hat. Was aber hat Gott „im Anfang" geschaffen? Gen 1,1-2 nennt drei Dinge, deren Zusammenstellung auf den ersten Blick eher verwirrend erscheint:

38 Moltmann, *Gott in der Schöpfung*, 86–89.

1. Himmel und Erde
2. ein *tohu wabohu*
3. eine *ruah*, die sich über den Wassern zitternd bewegt

Über den Zusammenhang dieser drei Aussagen gibt es unter den Exegeten keine Einigkeit.[39] Ist der erste Satz „Im Anfang schuf Gott Himmel und Erde" ein vorangestellter Nebensatz zu den folgenden Hauptsätzen? Dann würde die Beschreibung der Schöpfung mit dem *tohu wabohu*, also dem *Chaos*, beginnen. Die meisten Exegeten, die dieser Auffassung nahestehen, gehen davon aus, dass Gott das Chaos bereits vorgefunden habe und der Schöpfungsakt erst mit dem ersten Schöpfungswort „Es werde Licht" beginnt. Die gegensätzliche Auslegung sieht im ersten Satz der Bibel auch den ersten Hauptsatz des Schöpfungsgeschehens, das dann mit der Erschaffung des Universums („Himmel und Erde") beginnt. Vom Satzbau her lässt sich das Problem nicht lösen, denn der hebräische Wortlaut kann beides bedeuten. Wir müssen also versuchen, den inneren Zusammenhang dieser drei Aussagen zu bestimmen.

Ich gehe davon aus, dass der erste Satz in Gen 1 den ersten Schöpfungsakt beschreibt und folge darin Gerhard von Rad: „Der alten Vermutung, V. 1 sei nicht als selbständiger Satz, sondern als Vordersatz zu V. 2 oder gar V 3 zu verstehen ... folgen wir nicht ... Der Aussage in V. 1 darf nicht der Charakter eines theologischen Hauptsatzes genommen werden, denn ... (sonst) würde das Wort vom Chaos logisch und zeitlich vor das von der Schöpfung zu stehen kommen."[40] Die Entscheidung in dieser Frage ist eine theologische Entscheidung von grundsätzlicher Bedeutung, denn es geht darum, ob Gott die Schöpfung aus dem Nichts geschaffen hat oder nur das Chaos – wo immer es herkam – zu ordnen hatte.

Für mich ist das „Im Anfang" der erste Hauptsatz der Schöpfung, denn wenn ich *bereschit* ernst nehme, hat die Schöpfung einen absoluten, „prinzipiellen" Anfang, der in die Ewigkeit Gottes eingebettet ist. Gen 1,1-2 beschreibt demnach in der Reihenfolge der Sätze, wie wir sie im Text vorfinden, die ersten Schritte der Schöpfung. Gott erschafft das Universum und gibt ihm von Anfang an die Struktur, die zu der Ent-

---

39 Westermann, *Genesis 1–11*, 130–136, beschreibt die verschiedenen Varianten; s. a. Schüle, 32–36.
40 Von Rad, *Das erste Buch Mose*, 36.

wicklung geführt hat, die wir heute erforschen können. Was danach auf der Erde als *tohu wabohu* beschrieben wird, ist offensichtlich eine bestimmte Periode in der Entwicklung der Schöpfung, die auch kosmologisch nachvollziehbar ist. Und diese und die weitere Entwicklung begleitet Gott durch die Anwesenheit seiner *ruah,* seines „Geistes". Diese ersten Schritte der Schöpfung gilt es nun zu untersuchen.

Himmel und Erde

Die hebräische Sprache kennt kein Wort für „Welt", und so bedeutet „Himmel und Erde" das ganze Universum und mit ihm die Erde und alle ihre Lebewesen. Weil in der hebräischen Bibel „Himmel" im Plural steht, wird durch die Formulierung „Gott schuf die Himmel und die Erde" die Größe der Schöpfung noch deutlicher zum Ausdruck gebracht und die Erde nicht so stark in den Mittelpunkt gerückt wie etwa in Gen 2. Noch wichtiger ist die Grundaussage von Gen 1,1: Der Text fordert uns auf, die ganze Welt als Gottes Schöpfung zu sehen. Das ist damals durchaus eine Herausforderung gewesen, denn im alten Israel musste sich der Schöpfungsglaube gegen die Göttervielfalt in den Kulten der Umgebung wehren und damit gegen die Vergötterung der Natur, die sich in den vielen Natur-Gottheiten zeigte. Das hat er dadurch getan, dass er schon mit dem ersten Satz der Schöpfungsgeschichte klarstellte, dass Jahwe, der *eine* Gott Israels, der Schöpfer der ganzen Natur ist. Und damit ist er auch der Schöpfer der Sonne, des Mondes und der Naturgewalten, die in der Umwelt Israels alle einen göttlichen Status hatten.

Nach meiner Einschätzung sind die biblischen Schöpfungstexte bewusst so gestaltet, keine konkreten Aussagen darüber zu machen, *wie* Gott das Universum und mit ihm die Erde und das Leben geschaffen hat. Sie begnügen sich mit der Aussage, *dass* Gott der Schöpfer der Welt ist. Damit ist die Aufgabe, das *Wie* zu erforschen, dem Menschen zugefallen. Er wird dabei immer an Grenzen stoßen, denn das Schöpfungshandeln Gottes reicht über die Grenzen der menschlichen Erkenntnis hinaus. Mit dem *dass* aber wird das Tor zum Schöpfungsglauben weit geöffnet. Gott ist der Schöpfer, und alles, was uns aus dieser Schöpfung begegnet, sollen wir dankbar und verantwortungsbewusst aus seiner Hand nehmen.

Das *tohu wabohu*

Es hat die Exegeten zu allen Zeiten erstaunt, dass die erste Etappe der Schöpfung auf der Erde nur ein Chaos zuwege brachte: „und die Erde war *tohu wabohu* – eine „Wüste“ oder „Öde“, ein „Nichts“ oder das „Gestaltlose“. Und durch den lautmalerischen Ausdruck *tohu wabohu,* der auch in die deutsche Sprache eingegangen ist, wird das Lebensfeindliche dieses Zustands besonders eindringlich zum Ausdruck gebracht. Dazu kommt die *tehom,* die „Urflut“, die ungebändigten Wassermassen der Urzeit, und die absolute Finsternis, die eine Art „schwarzes Nichts“ darstellt. Trotzdem ist schon in diesem Chaos alles vorhanden, was in der weiteren Entwicklung – bis hin zum Leben – nötig war. Wir wissen ja heute, dass chaotische Systeme eine hohe schöpferische Potenz besitzen, sodass es uns nicht unlogisch erscheint, dass die schrittweise Entwicklung in den einzelnen Schöpfungswerken im *tohu wabohu* ihren Ausgangspunkt hat.[41]

Schon in den ersten Worten der Schöpfungsgeschichte wird also deutlich, dass die Schöpfung kein statisches Ereignis ist, sondern sich seit dem „Im Anfang“ in einer Entwicklung befindet. Dies ist allerdings keine Entwicklung, die Gott nur in Gang gesetzt hat, um sie dann sich selbst zu überlassen, sondern die er weiter mitgestaltete und begleitete, wie es die nachfolgenden Schöpfungswerke zeigen. Gott erschafft also das Universum als eine Wirklichkeit, die von Anfang an fähig ist, sich zu entwickeln, und er begleitet – wie wir das in der weiteren Auslegung sehen können – diese Entwicklung bis heute.

Die *ruah elohim*

Der dritte Satz in der Beschreibung des Anfangs lautet: „Die *ruah elohim* schwebte (zitterte) über den Wassern.“ Hier ergibt sich zunächst ein sprachliches Problem, denn das Wort *ruah* heißt in seiner Grundbedeutung *Luft in Bewegung,* ohne dass die Stärke dieser Bewegung festgelegt ist. Deshalb kann die *ruah* vom „Windhauch“ bis zum „Sturm“ alles bedeuten, was mit bewegter Luft zu tun hat. Gleichzeitig ist die *ruah* im Alten Testament zum Synonym für „Geist“ geworden, vor

41 Vgl. ACHTNER, *Die Chaostheorie.*

allem in der Verbindung mit *elohim,* also für „Geist Gottes". Obwohl in unserem Text von der *ruah elohim* die Rede ist, gehen die Meinungen der Exegeten auseinander. Gehört die *ruah* noch zum *tohu wabohu,* wie die meisten neueren Kommentare meinen? Dann müsste man mit Gerhard von Rad von einem „Gottessturm"[42] sprechen, der im Chaos alles noch zusätzlich durcheinanderwirbelt.

Ich teile diese Auslegung aus mehreren Gründen nicht: Zunächst gehe ich davon aus, dass durch die Anwesenheit der *ruah elohim* die Hoffnung zum Ausdruck gebracht werden soll, dass durch die Anwesenheit des Geistes Gottes das Chaos überwunden werden kann, wie es dann ja auch in den weiteren Schöpfungswerken geschieht. Außerdem müssen wir das Partizip beachten, mit dem die *ruah* verknüpft ist. Seine genaue Bedeutung ist unklar, sie liegt wohl am ehesten bei „zitternd", vielleicht auch bei „schwebend" oder „bewegend"[43]. Das sind alles Ausdrücke, die wir einem Sturm nicht zuordnen können. Deshalb gehe ich davon aus, dass *ruah* zum Bereich des erschaffenden Gottes gehört und damit als „Geist Gottes" verstanden werden muss, wie es auch Jürgen Moltmann zum Ausdruck bringt: Der Text soll „sagen, dass der göttliche Geist *(ruah)* die Schöpferkraft und die Präsenz Gottes in seiner Schöpfung ist. Die ganze Schöpfung ist geistgewirkt und stellt darum eine geistgeformte Realität dar."[44]

Buber/Rosenzweig übersetzen ganz neutral: „Braus Gottes schwingend über dem Antlitz der Wasser."[45] Das weist uns darauf hin, dass „zitternd" oder „schwingend" Worte sind, die sich auch mit „Geist Gottes" nicht bruchlos verbinden lassen. Man könnte daran denken, dass *ruah* auch die Bedeutung „Atem" annehmen kann, und die Bewegung des Atems kann sehr wohl mit „zitternd" umschrieben werden. Wir hätten dann ein Bild vor uns, das Folgendes aussagen soll: Mitten im „toten Nichts" auf der Erde gibt es Leben, denn der Atem Gottes bewegt sich über dem Chaos. Vielleicht kommt es dem Text aber auch am nächsten, wenn wir mit Luther übersetzen, „der Geist Gottes schwebte" über den Wassern und dabei an das Bild des beschützenden Adlers denken, das wir im Buch *Deuteronomium* finden: „… wie ein Adler, der sein Nest beschützt und über seinen Jungen *schwebt*" (Dtn 32,11). Gott als der

42 Von Rad, *1. Mose,* 37.
43 Klaiber, 20.
44 Moltmann, 110.
45 Buber/Rosenzweig, *Die fünf Bücher der Weisung,* 9.

Urheber der Schöpfung begnügt sich nicht damit, sie „in die Welt zu setzen“, sondern ist mit seiner *ruah* beschützend anwesend, um über seinem werdenden Werk zu wachen.

Kapitel 6
Die Schöpfungswerke
(Genesis 1,3-25)

Die Gliederung des Textes

Beim Lesen von Gen 1 fällt auf, dass der Text eine Gliederung besitzt, die auf mehreren Ebenen verläuft. Am auffälligsten ist die Gliederung in sieben Schöpfungstage, denn jedes „Tagewerk" wird mit der Formel „Es wurde Abend, und es wurde Morgen, der … Tag" abgeschlossen. Eine zweite Ebene bilden die acht Schöpfungswerke, die immer mit der Formel „Dann sprach Gott …" beginnen.[46] Schließlich gibt es noch eine dritte, eher versteckte Ebene. Hier werden die drei *Werke der Scheidung* (Licht und Finsternis, Himmel und Erde, Meer und Land) den drei *Werken der Belebung* (Pflanzen, Tiere, Menschen) gegenübergestellt.[47] Diese dreifache Gliederung ist nicht nur dazu da, den komplizierten Stoff zu ordnen, sondern hat auch eine inhaltliche Bedeutung.

1. Die Schöpfungstage

Über die Bedeutung der sieben Tage in Gen 1 hat es viel Streit gegeben. Wo die wörtliche Auslegung der Bibel vertreten wird, geht man meistens von einem 24-Stunden-Erdentag aus. Andere nehmen größere Zeiträume an, indem sie sich auf Ps 90,4 stützen: „Tausend Jahre sind wie ein Tag", manchmal wird auch von längeren Zeiträumen im Sinne von Zeitaltern gesprochen.[48] Mit den meisten neueren Kommentaren gehe ich davon aus, dass mit *Tag* überhaupt kein messbarer Zeitraum gemeint ist. Durch die Struktur der Tage soll deutlich werden, dass die Schöpfung ein Entwicklungsvorgang ist, der ein „Zeitraster" braucht, auch wenn es hier nur symbolisch-bildhaft gemeint ist. So wird Schritt für Schritt,

46 Eigentlich kommt diese Formel neunmal vor, leitet aber in Gen 1,29 kein neues Schöpfungswerk ein.

47 Westermann, *Am Anfang*, 18–21.

48 Vgl. Gitt, 19–55.

Schöpfungstag für Schöpfungstag, aus dem lebensfeindlichen Chaos des Anfangs eine bewohnbare und schließlich auch bewohnte Erde geschaffen.

Gen 1 hat wohl deshalb den Begriff „Tag" gewählt, weil das hebräische *jom* nicht nur „Tag" im Sinne des Erdentages, sondern auch „Zeitraum" oder ganz neutral „Zeit" bedeuten kann. Die sieben Schöpfungstage können daher auch für sieben „Zeiten" stehen, ohne dass damit die Dauer eines solchen Zeitraumes festgelegt ist. Für diese allgemeine Bedeutung „Tag" spricht auch der Wortlaut der „Tagesschlussformel", denn der 24-Stunden-Tag beginnt in Israel mit dem Sonnenuntergang, während nach unserem Text am Abend bereits die Tagesarbeit geschehen ist: „Es *wurde* Abend, und es wurde Morgen."

2. Die Schöpfungswerke

In den acht Schöpfungswerken werden die konkreten Schritte der Schöpfung auf der Erde dargestellt, und zwar so, dass jedes Werk auf dem vorangegangenen aufbaut. Die Zahl Acht scheint hier keine spezielle Bedeutung zu haben, im Gegensatz zur Zahl Sieben bei den Schöpfungstagen, denn Sieben ist die Zahl der Vollständigkeit. Acht Schöpfungswerke sind es einfach deshalb, weil es so viele Schritte brauchte, um aus der „Chaos-Erde" eine „Lebensraum-Erde" werden zu lassen. Weil die acht Schöpfungswerke aber nicht in den sechs „Arbeitstagen" von Gen 1 aufgehen, nehmen der dritte und der sechste Schöpfungstag jeweils zwei Schöpfungswerke auf. Und obwohl unser Text etwa 2500 Jahre alt ist, beschreibt er eine Entwicklung, die in ihren groben Umrissen unseren heutigen Erkenntnissen erstaunlich nahekommt. Gleichzeitig wird durch die Schöpfungswerke deutlich, dass der Schöpfer nicht nur für den Anfang verantwortlich ist, sondern die Entwicklung der Schöpfung strategisch und praktisch mitgestaltet.

3. Scheidung und Belebung

Die dritte Ebene der Gliederung erkennen wir erst dann, wenn wir uns klarmachen, dass die Wirkungsweise der Schöpfungswerke in zwei unterschiedliche Richtungen zeigt. Um das Chaos zu ordnen, gibt es die drei *Werke der Scheidung:* die Trennung des Lichts von der Finsternis; die Erschaffung der Feste des Himmelsgewölbes, um das Wasser der Erde vom Wasser des Himmels zu trennen; und die Scheidung von Wasser und Land auf der Erde, damit das Meer und das Festland entstehen kann. Danach entstehen die drei *Werke der Belebung:* Pflanzen, Tiere und Menschen. Zwischen die Entstehung der Pflanzen und der Tiere wird die Erschaffung der Gestirne eingeschoben. Den speziellen Grund dafür werden wir später erläutern. In eine Tabelle gebracht, sieht die Gliederung von Gen 1 folgendermaßen aus:

Im Anfang:	*Erschaffung von Himmel und Erde*	
Tage	*Schöpfungswerke*	Scheidung/*Belebung*
1. Tag	(1) Licht	Licht – Finsternis
2. Tag	(2) Himmelsgewölbe	oben – unten
3. Tag	(3) Meer und Land	Meer – Land
	(4) Pflanzen	*Pflanzen*
4. Tag	(5) Gestirne	
5. Tag	(6) Wassertiere/Vögel	*Tiere*
6. Tag	(7) Landtiere	
	(8) Menschen	*Menschen*
7. Tag	*Ruhetag als Vollendung der Schöpfung*	

Diese Gliederung wirkt relativ kompliziert, denn es mussten ja in einem so kurzen und verdichteten Text drei Ebenen untergebracht werden. Trotzdem ist der Text auf Anhieb verständlich und wird durch die feierliche Sprache und die immer wiederkehrenden Formeln seinem Thema in einer großartigen Weise gerecht.

Die Werke der Scheidung

Die Erde ist „wüst und leer“, eine lebensfeindliche Öde, und doch sind in diesem *tohu wabohu* alle Voraussetzungen enthalten, damit aus dieser Öde ein Raum des Lebens werden kann. Dafür müssen die Elemente und Energien auf diesem Planeten allerdings so voneinander getrennt werden, dass sie der Entstehung und Entwicklung des Lebens dienen können. Das geschieht in Gen 1 in den drei Werken der Scheidung, mit denen der Reigen der Schöpfungswerke beginnt. Über Zeiträume ist in unserem Text nichts gesagt, und wenn wir uns vom Gedanken des 24-Stunden-Erdentages lösen, sind die biblischen Aussagen und die langen Zeiträume, von denen Kosmologie und Entwicklungsbiologie ausgehen, durchaus miteinander vereinbar.

Bei der Betrachtung der einzelnen Schöpfungswerke sollten wir uns bewusst machen, dass die biblischen Texte keine Fakten im Sinne der heutigen wissenschaftlichen Betrachtungsweise vermitteln, obwohl sie naturwissenschaftliche Erkenntnisse berühren. Denn sie haben ein anderes Ziel: Sie bezeugen Gott als den Schöpfer und loben die Vollkommenheit der Schöpfung. Und wo sie über die Natur sprechen, geschieht dies im Rahmen des damals geltenden Weltbilds. So haben wir nicht nur Gen 2–3, wo dies deutlicher in Erscheinung tritt, sondern auch schon Gen 1 in einem gewissen Sinn als Gleichnis zu sehen, das seine bildhaft dargestellte Wahrheit auch dann nicht verliert, wenn sich seine Aussagen von den heutigen Erkenntnissen der Naturwissenschaft unterscheiden. Denn ihre Bilder zeigen eine zeitlose Botschaft, die wir auf unser Weltbild übertragen können.

1. Da sprach Gott: Es werde Licht, und es wurde Licht

Jedes Schöpfungswerk Gottes beginnt mit einer Ansage Gottes, die Befehlscharakter hat: „Es werde Licht." Und danach wird berichtet, dass das Wort des Schöpfers in Erfüllung geht: „Und es wurde Licht." Dann aber beginnt Gott konkret zu arbeiten: „Gott schied das Licht von der Finsternis." Gott ist also nicht nur der Stratege, der anordnet, was geschehen soll – er gestaltet es auch selbst. Das hat eine tiefere Bedeutung: Gott ist nicht der ferne Schöpfer, sondern er legt selbst Hand an, und damit tragen alle seine Schöpfungswerke seine göttliche Handschrift. Wir dürfen also den Kosmos und die Erde mit allen ihren Geschöpfen aus Gottes Hand nehmen.

Mit *Licht* ist hier offensichtlich das „Licht an sich" gemeint, das nötig ist, um die Finsternis des *tohu wabohu* zu überwinden. Das ist ein großartiger Gedanke, denn das Licht ist so etwas wie das Eingangstor zur Schöpfung. Das kann jeder nachempfinden, der eine Bergtour bei Dunkelheit begonnen hat und plötzlich im ersten Sonnenlicht steht. Er kann sich orientieren und sicherer gehen, er spürt die Wärme, und mit dem Beginn des Tages öffnet sich die Welt, körperlich wie seelisch. Das Licht ist ein Grundelement der Energie, und es ist unverzichtbar für jede Form des Lebens. Dazu kommt, dass Gott das Licht von der Finsternis trennt, sodass ein energetisches Gefälle entsteht – durch den Unterschied zwischen Tag und Nacht, Wärme und Kälte und – im übertragenen Sinn – Ruhe und Arbeit. So ist es klar, dass das Licht das erste Schöpfungswerk sein musste: der erste Schritt, um das Chaos so zu ordnen, dass es lebenstauglich werden konnte.

Hier und bei den meisten anderen Schöpfungswerken heißt es, dass Gott das Geschaffene anschaute, um es zu beurteilen: „Gott sah, dass das Licht gut war." Indem Gott seine eigene Arbeit beurteilt, zeigt er sich als sorgfältiger Schöpfer, dem die Qualität seiner Schöpfung wichtig ist und der Freude an seiner Schöpfung hat. Damit fordert uns Gen 1 auf, es ihm gleichzutun, Freude an seiner Schöpfung zu gewinnen und sie zu lieben.

2. Da sprach Gott: Es entstehe inmitten der Wasser ein festes Gewölbe, das Wasser oberhalb und unterhalb zu trennen

Nun gibt es also das Licht – zu sehen sind allerdings nur die ungebändigten Wassermassen der Urflut, welche die Erde bedecken. Es ist also eine zweite Scheidung notwendig, damit das *tohu wabohu* überwunden werden kann. Das, was Gen 1 über das zweite Schöpfungswerk sagt, bleibt ganz im Weltbild der Antike. Denn man stellte sich den Himmel, der von der Erde aus betrachtet ja wie eine Kuppel aussieht, als ein festes, aus Metall gehämmertes Gewölbe vor. Und weil der Regen ja vom Himmel kommt, musste es auch oberhalb des Gewölbes Wasser geben, den Himmelsozean, aus dem durch die Öffnungen am Himmelsgewölbe der Regen strömt (Gen 7,11).

Wieder spricht Gott das Schöpfungswort und legt danach selbst Hand an: „Gott machte das Gewölbe." Dass hier speziell vom Machen, also von der handwerklichen Arbeit Gottes, die Rede ist, hängt mit der Schwierigkeit der Aufgabe zusammen, denn das Gewölbe sollte ja „mitten im Wasser" der Urflut gebaut werden. Das Wort *firmamentum*, das in der lateinischen Übersetzung des Alten Testaments steht, heißt eigentlich *Stütze*. Mitten in den Fluten entsteht also eine „Stützmauer", ein erster Schritt, um im Chaos der Wassermassen Strukturen zu schaffen, die später die Grundlage für die Entstehung des Lebens bildeten.

Mit der Trennung von Erde und Himmel wird der Erde im kosmischen Sinn eine eigene Bedeutung gegeben, die in den nächsten Schöpfungswerken weiter entfaltet wird. Gen 1 bringt damit zum Ausdruck, dass die Menschen die Erde als ihren von Gott geschaffenen Lebensraum begreifen. Denn mit dem Himmel ist hier und in den verwandten Schöpfungstexten der kosmische Himmel gemeint und nicht die Wohnung Gottes. Deshalb heißt es auch: „Die Himmel rühmen die Herrlichkeit Gottes, vom Werk seiner Hände kündet das Firmament" (Ps 19,2). Ab jetzt beschäftigt sich die Schöpfungsgeschichte in Gen 1 nur noch mit der Erde, denn Gott hat diesen Planeten zum Ort des Lebens und zur Erschaffung des Menschen bestimmt.

3. Da sprach Gott: Das Wasser auf der Erde sammle sich, damit das Trockene sichtbar werde

Das dritte Werk der Scheidung macht aus der Erde das, was wir als *Landschaft* kennen, denn es entstehen Land und Meer. Voraussetzung dafür ist die geologische Formung der Erde, die Faltung der Gebirge, die Eruptionen der Vulkane und die Gestaltung der Täler durch die Gewässer. Der 104. Psalm beschreibt das so: „Du hast die Erde auf Pfeiler gegründet; in alle Ewigkeit wird sie nicht wanken. Einst hat sie die Urflut bedeckt wie ein Kleid, und die Wasser standen über den Bergen. Sie wichen vor deinem Drohen zurück, sie flohen vor der Stimme deines Donners. Da erhoben sich Berge und senkten sich Täler an den Ort, den du für sie bestimmt hast" (Ps 104,5-8).

Mit der Formulierung „Das Wasser sammle sich" ist in bildhafter Weise ein Hinweis auf die Schwerkraft gegeben, und deshalb braucht Gott hier auch nicht selbst „Hand anzulegen". Die Scheidung von Meer und Land gelingt aber nur – um im antiken Weltbild zu bleiben – weil ein Teil der Urflut in den Himmelsozean geflossen ist. Das berührt sich schon ein wenig mit unserer heutigen Erkenntnis vom Kreislauf des Wassers zwischen Meer, Boden, Pflanzen und Wolken, wie es dann später das Buch Hiob andeutet: „Er bindet das Wasser in sein Gewölk, doch birst darunter die Wolke nicht" (Hiob 26,8).

Meer und Land sind die beiden fundamentalen Lebensräume, die wir auf der Erde finden. Denn für die Entwicklung der ungeheuren Vielfalt von Pflanzen und Tieren ist das Meer in seiner riesigen Ausdehnung und das Land in seiner geologischen und geografischen Vielfalt notwendig. Es muss eine dramatische Zeit gewesen sein, als sich die Gebirge auffalteten, das Wasser in den Meeren sammelte und die ersten Landschaften sichtbar wurden. So fand die Erde langsam zu ihrer jetzigen Gestalt, nicht mehr ein *tohu wabohu*, sondern eine werdende Landschaft, die auf das Entstehen des Lebens wartete.

Die Werke der Belebung

4. Da sprach Gott: Das Land bringe junges Grün hervor, Pflanzen, die Samen tragen, und Bäume, die Früchte bringen

Nun ist die Erde für das Leben vorbereitet: Licht und Schwerkraft, Luft zum Atmen, Boden und Wasser, Tag und Nacht, Wärme und Kälte, Wolken und Wind – alles ist da. Es ist eine der wichtigsten Aussagen von Gen 1, dass Gott dem Erdboden und später dem Wasser die Fähigkeit zuweist, Leben hervorzubringen: „Das Land bringe junges Grün hervor …" Damit wird angedeutet, dass das Leben aus anorganischen Bauteilen hervorgegangen ist und Gott damit eine Entwicklung in Gang gesetzt hat, die bis heute andauert. Gen 1 kennt also zwei Ebenen der Schöpfung: das unmittelbare Schöpfungshandeln Gottes, dessen *Erschaffen, Reden* und *Machen* die Welt entstehen lässt, und die von ihm der Schöpfung gegebene Fähigkeit zur *Evolution.* Das bedeutet allerdings: Die Evolution hat sich nicht selbst erschaffen, sondern sie ist der Schöpfung vom Schöpfer selbst „in die Wiege gelegt" worden.

Die Entstehung des Lebens wird in Gen 1 eher beiläufig erwähnt. Denn das Leben bricht sich Bahn, sobald die Voraussetzungen zu seiner Entstehung gegeben sind. Das ist trotzdem kein zufälliges Geschehen, denn Gott selbst hat dafür die Voraussetzungen geschaffen. Und sein Wort „Das Land bringe hervor …" zeigt, dass er auch den Zeitpunkt bestimmt hat, an dem das Leben erscheinen sollte. Evolution als Beschreibung von Entwicklungsvorgängen gerät mit der biblischen Schöpfungsbotschaft nicht in Konflikt. Die Schöpfungstexte der Bibel gehen aber eindeutig davon aus, dass sowohl der Anfang des Universums wie die einzelnen Schöpfungsschritte auf der Erde dem Reden und Handeln des Schöpfers entspringen.

Unserem Text kann man abspüren, wie begeistert er über die jetzt entstehende Vielfalt der Schöpfung ist. Er spricht vom „jungen Grün", von den Pflanzen, die sich selbst vermehren, und von den Bäumen, die Früchte bringen, die in Gen 2 als „köstlich" beschrieben werden. Hier scheint also bereits das Lob der Schöpfung durch, wie es im 104. Psalm und an vielen anderen Stellen besungen wird: „Du lässt Gras wachsen für das Vieh, auch Pflanzen für den Menschen, die er anbaut, damit er Brot gewinnt von der Erde und Wein, der das Herz des Menschen erfreut, damit sein Gesicht von Öl erglänzt und das Brot das Menschenherz stärkt" (Ps 104,14-15).

5. Da sprach Gott: Es sollen Lichter am Himmel entstehen, die Tag und Nacht voneinander scheiden und als Zeichen dienen, damit man Tage und Jahre und die Festzeiten bestimmen kann

Die Einordnung dieses Schöpfungswerks in den vierten Schöpfungstag hat der Exegese viele Schwierigkeiten bereitet. Denn auch dem antiken Menschen war klar, dass das Licht auf der Erde am Tag von der Sonne und in der Nacht vom Mond und den Sternen kommt. Die meisten Exegeten gehen deshalb davon aus, dass die „Verschiebung" dieses Schöpfungswerks in einen der späteren Schöpfungstage Absicht ist. Denn Sonne und Mond waren in der Umwelt Israels Götter von höchster Bedeutung, und Gen 1 wollte wohl unmissverständlich deutlich machen, dass auch sie wie alle Teile der Schöpfung keinen göttlichen Status besitzen. Denn alles, was von *Jahwe,* dem einen Gott, geschaffen ist, kann nicht selbst Gott sein. Deshalb werden die Gestirne in unserem Text als *Lampen* bezeichnet, also als Gegenstände, die eine bestimmte Funktion haben und nicht mehr. Sie sollen leuchten und damit Tag und Zeit bestimmen. Sie sollen zwar „herrschen", aber nicht wie der Mensch über die ganze Schöpfung, sondern nur über Tag und Nacht und damit über die Zeit.

Es fällt auf, dass kein anderes Schöpfungswerk – mit Ausnahme der Erschaffung des Menschen – so ausführlich dargestellt wird. Dabei steht allerdings nicht so wie heute die kosmische Seite der Gestirne im Mittelpunkt, sondern ihre soziale. Denn die Sonne bestimmt die objektive Zeit, die für alle gilt: von Sonnenaufgang bis Sonnenuntergang – für alle Lebewesen wahrnehmbar und angepasst an die Jahreszeit und den geografischen Ort. Weil man dadurch auch die Festzeiten bestimmen kann, die hier extra erwähnt werden, ist auch der Kalender gemeint, dessen soziale Bedeutung auf der Hand liegt. Denn wie sollte eine Gemeinschaft von Menschen, eine Familie, eine Gruppe, ein Volk gemeinsam leben, wenn es keinen Kalender gäbe, der „objektiv" durch die Gestirne bestimmt wird? So gesehen steht das fünfte Schöpfungswerk nicht unbedingt an einer falschen Stelle. Denn es ist beides: ein Werk der Scheidung (Tag und Nacht) und ein Werk der Belebung (Ordnung der Zeit).

6. Da sprach Gott: Das Wasser wimmle von Lebewesen, und Vögel sollen unter dem Himmel und über das Land fliegen

Die Entstehung der Tiere auf das Schöpfungswort Gottes hin beginnt zunächst im Wasser – durchaus in Übereinstimmung mit den heutigen Erkenntnissen. Wir haben schon darauf hingewiesen, dass es in Gen 1 zwei Ebenen der Schöpfung gibt: eine direkte durch das Reden und Handeln Gottes und eine indirekte, indem Gott dem Wasser und der Erde die Kraft verleiht, selbst Leben hervorzubringen. In Wirklichkeit ist natürlich die „indirekte" Schöpfung auch eine „direkte", denn es ist das Schöpfungswort Gottes, das die Fähigkeit, Leben zu entwickeln, an das Wasser und das Land weitergibt.

Mit dem „Das Wasser wimmle ..." wird der Text wieder emotional, wie beim „jungen Grün". Damit wird zweierlei beschrieben: die große Anzahl der Tiere, die im Wasser leben und die Vielfalt ihrer Arten – beides im Wasser leichter zu beobachten als auf dem Land. Und hier, bei der Erschaffung der ersten Tiere, wird zum zweiten Mal in unserem Text das Wort *bara* verwendet. Denn beim Gewimmel im Wasser und bei solchen Tieren wie den „großen Seeungeheuern" erfasst den Autor eine derartige Bewunderung, dass er diese Schöpfertat nur mit *bara* zum Ausdruck bringen kann – wie vorher bei der Erschaffung von Himmel und Erde und später bei der Erschaffung des Menschen.

Auch bei der Beschreibung der Vögel schwingt Bewunderung mit, denn ihre Schnelligkeit, ihre Steuerungskunst und ihre Beweglichkeit bringen uns heute noch ins Staunen. Die Vögel sollen „über dem Land" und „unter dem Himmel" fliegen, denn sie gehören der Luft und dem Boden, und viele können auch noch schwimmen. Und es gibt noch einen weiteren Grund zur Bewunderung: die Vielfalt der Wassertiere und der Vögel. Deshalb wird schon bei den Pflanzen und jetzt auch hier von „allen Arten" gesprochen. Hier ist keine „Artenkonstanz" gemeint, denn sie würde ja überhaupt nicht dazu passen, dass Gott den beiden großen Lebensräumen „Wasser“ und „Land“ die Fähigkeit zur Evolution verliehen hat. Hier ist die verschwenderische Fülle der Arten gemeint, die auf Gottes Wort hin im Wasser und auf dem Land entstanden sind, und die, wie wir heute wissen, für die Stabilität und Gesundheit der Natur unverzichtbar sind.

Hier wird zum ersten Mal in unserem Text vom Segen der Vermehrung gesprochen. Die Erde ist nicht mehr „wüst“, aber sie ist noch ziemlich „leer“. Pflanzen und Tiere sollen sich vermehren, sowohl innerhalb ihrer Art als auch in der Entwicklung neuer Arten. Denn die Natur braucht Vielfalt, und die verschiedenen Arten fördern und begrenzen sich gegenseitig. Dabei wird der Segen den einzelnen Arten zugesprochen. Denn das einzelne Geschöpf ist endlich, und so wird die Fruchtbarkeit gebraucht, damit die Art erhalten bleibt und der ganzen Schöpfung ihren Beitrag geben kann. Aus heutiger Sicht können wir sagen: Der Segen der Vermehrung vermittelt der Schöpfung ihre *Nachhaltigkeit,* während das Artensterben sie in größte Gefahr bringt.

7. Da sprach Gott: Auch das Land bringe Lebewesen hervor, alle Arten von Vieh und alle Arten von Kriechtieren und wilden Landtieren

Nun wird auch dem Land und damit der Erde durch das Schöpfungswort Gottes die Fähigkeit verliehen, Tiere als Lebewesen hervorzubringen. Dieses Geschehen im Rahmen der Evolution wird aber gleichzeitig mit dem *Machen* Gottes verbunden: „Gott *machte* alle Arten von Tieren des Feldes …“ Ich verstehe das nicht als zwei unterschiedliche Beschreibungen desselben Geschehens, sondern als eine *komplementäre* Aussage, die hier am deutlichsten gemacht wird, aber eigentlich für die ganze belebte Schöpfung gilt. Pflanzen und Tiere sind gleichzeitig Frucht des *Machens* Gottes und der von Gott gegebenen Fähigkeit zur Evolution. Wie auch sonst sagt Gen 1 auch hier nur, *dass* es geschah, aber nicht *wie.* Denn der Schöpfungsbotschaft der Bibel genügt es, alles Leben in Beziehung zum schöpferischen Gott zu setzen und die beiden Kräfte zu zeigen, die daran Anteil haben: Gott in seiner Schöpfung und die Evolution in der Entwicklung des Geschaffenen.

Die Landtiere werden – je nach ihrem Verhältnis zum Menschen – in drei Gruppen unterteilt. Mit dem „Vieh“ (wörtlich *Herdentiere)* sind die Nutztiere gemeint, die für den Menschen als Arbeitstiere und als

Nahrung wichtig sind. Am Sabbatgebot kann man sehen, dass sie Gott dem Menschen zur besonderen Fürsorge anbefiehlt: „Sechs Tage kannst du deine Arbeit verrichten, am siebten Tag aber sollst du ruhen, damit dein Rind und dein Esel ausruhen und der Sohn deiner Sklavin und der Fremde zu Atem kommen" (Ex 23,20). Dieses Gebot geht weit über das Nützlichkeitsdenken hinaus, denn die vom Menschen abhängigen Arbeitstiere und ebenso die abhängig arbeitenden Menschen sollen „zu Atem kommen", damit auch sie an der Würde der Schöpfung teilhaben können.

Die Kriechtiere werden nur am Rande erwähnt, denn sie spielen für den Menschen eine untergeordnete Rolle. Mit den „Tieren des Feldes" aber sind alle wild lebenden Tiere gemeint, soweit sie nicht zu den Kriechtieren gehören. Für den damaligen Menschen hatten sie eine doppelte Bedeutung: Man konnte sie jagen und man musste sich vor ihnen schützen. Warum diese Tiere keinen eigenen Segen vermittelt bekommen, ist schwer zu sagen. Ich vermute, dass sie einfach mit gemeint sind, weil vorher vom Segen für die Meerestiere und Vögel und nachher für den Menschen gesprochen wird. Die Landtiere werden ja in eine große Nähe zum Menschen gebracht, denn sie teilen sich mit ihm den sechsten Schöpfungstag und – wie wir heute wissen – auch einen großen Teil des *Genoms.*

Das „Handwerkszeug" des Schöpfers

In Gen 1 findet man acht „Werkzeuge", die Gott für seine Schöpfung gebraucht. Sie zu entdecken gibt uns einen Einblick in die Vielfalt des Schöpfungsgeschehens, aber auch darüber, in welch kreativer Weise sich Gott mit dem von ihm Geschaffenen verbunden hat.

Gott schuf …

Bara wird in der hebräischen Bibel nur für das Schaffen Gottes gebraucht. In Gen 1 wird es noch weiter eingegrenzt, denn der Text verwendet es ausschließlich für drei zentrale Ereignisse der Schöpfung, die Erschaffung von Himmel und Erde, die Erschaffung der ersten Tiere und die Erschaffung des Menschen. Denn durch sie wird die Präsenz Gottes in der Welt dargestellt, die auf der Erschaffung des Universums als Wirklichkeit der Schöpfung und der Erschaffung des Menschen als Verantwortungsträger für die Schöpfung beruht.

Gott sprach …

Zwischen dem ewigen Gott, der außerhalb von Raum und Zeit steht, und der Welt des Geschaffenen muss es eine Brücke geben. Sie ist das Reden Gottes, und so ist „Gott sprach …" in Gen 1 das am häufigsten erwähnte Werkzeug der Schöpfung, zumal das *Benennen* und das *Segnen* ebenfalls die Sprache benutzt. Gott erscheint hier als der Stratege, der die einzelnen Schritte der Schöpfung durch sein Reden in Gang bringt, ihr aber trotzdem die Fähigkeit gibt, an der eigenen Entwicklung mitzuwirken.

Gott sah …

Indem Gott beobachtet, was aus seinen Worten wird, macht er deutlich, dass er das Geschaffene nicht nur in Gang setzt, sondern auch begleitet. Nach jedem Schöpfungswerk gibt es eine Art „Schöpfungs-TÜV", als Prüfung der Qualität und Funktionalität des Geschaffenen. Daran sehen wir, wie wichtig Gott die Qualität seiner Schöpfung ist, denn die von ihm geschaffene Erde soll ein würdiger Ort für das Leben aller seiner Geschöpfe sein.

Gott schied …

Gott hat „im Anfang" dem Universum die Materie und Energie mitgegeben, die für die Entstehung der heutigen Welt notwendig war. Für die Entwicklung der Erde zu einem Ort des Lebens aber brauchte es ganz spezielle Gegebenheiten, die Gott durch die Werke der Scheidung entstehen ließ – in Gen 1 ganz im Weltbild der Antike dargestellt, aber durchaus in einer gewissen Übereinstimmung mit den heutigen Erkenntnissen.[49]

49 Siehe die Diskussion über das Verhältnis des *anthropischen Prinzips* zum *Theismus* im Kapitel „Schöpfung und Naturwissenschaft".

Gott nannte …

Wenn Gott einem vollendeten Schöpfungswerk einen Namen gibt, erklärt er damit dessen Sinn als Teil der Schöpfung: Tag und Nacht, Himmel, Land und Meer – und sicher auch manches, was in Gen 1 nicht direkt genannt wird. In Israel war die Namensgebung eine Art Hoheitsakt, und so wurde den Schöpfungswerken durch die göttliche Benennung die Würde gegeben, die nicht nur den Menschen, sondern alle Teile der Schöpfung auszeichnet.

Gott machte …

Gott redet nicht nur, sondern er legt auch selbst Hand an, offensichtlich vor allem an den Stellen, die neben dem schöpferischen Wort ein besonders kompetentes Handeln erfordern: beim Entstehen des Himmelsgewölbes und damit der Grundstruktur des Raumes, beim Entstehen der Gestirne und damit der Grundstruktur der Zeit und beim Entstehen der Landtiere, auf deren Genom und Körperbau die Erschaffung des Menschen aufbaut.

Das Meer wimmle …/Das Land bringe hervor …

Das Reden Gottes zielt hier nicht auf einen konkreten Schöpfungsakt, sondern gibt den beiden fundamentalen Lebensräumen *Meer* und *Land* eine eigenständige Lebenskraft, aus der neues Leben hervorgehen kann. Ohne diese Fähigkeit hätte die belebte Natur zwar entstehen können, aber langfristig keine Überlebenschancen gehabt. Denn nur durch die Fähigkeit zur Evolution kann sich das Leben immer wieder neu an veränderte Umweltbedingungen anpassen und damit überleben.

Gott segnete

Bei den Meerestieren und Vögeln wird zum ersten Mal vom Segen der Vermehrung gesprochen und später wieder beim Menschen. Der Segen der Vermehrung sichert den Bestand einer Art, denn die einzelnen Lebewesen sind sterblich. Damit dient die Vermehrung im besonderen Maße dem Erhalt der Schöpfung, die auf die Vielfalt der Arten angewiesen ist. Beim Menschen dient der Segen der Vermehrung außerdem dazu, Erfahrung, Wissen und Kultur von Generation zu Generation weiterzugeben – und damit auch die Erfahrungen des Glaubens zu erhalten.

Kapitel 7
„Lasst uns Menschen machen …“
(Genesis 1,26-31)

Mit der Erschaffung des Menschen erreicht der Bericht über das Siebentagewerk einen ersten Höhepunkt, obwohl die Schöpfung erst mit dem siebten Tag als Ruhe- und Feiertag vollendet ist. Der Mensch erhält trotzdem eine herausgehobene Aufgabe: Er soll zu Gottes Partner werden und Verantwortung für die Schöpfung übernehmen.

Die Erschaffung des Menschen

Auch das achte Schöpfungswerk, die Erschaffung des Menschen, beginnt mit der bekannten Formel „Gott sprach …“. Dann aber gibt es eine bemerkenswerte Zäsur, denn es folgt nicht die Weisung für ein neues Schöpfungswerk, sondern eine Art Selbstgespräch Gottes: „Lasst uns Menschen machen …“ Warum wird von Gott plötzlich im Plural gesprochen? Ein *pluralis majestatis* kann kaum gemeint sein, denn Gott spricht ja mit sich selbst – und wenn, wäre er „Im Anfang“ angemessener gewesen. Deshalb geht die neuere Exegese meist von einem *pluralis deliberationis* aus.[50] Denn weil Gott keinen Gesprächspartner hat, kann hier nur ein „beratendes Selbstgespräch“ gemeint sein. Gott will sich darüber klar werden, was er tun soll.

Das ist neu, denn bisher hatte Gott alle seine Schöpfungswerke, offensichtlich einem festen Plan folgend, Schritt für Schritt in die Tat umgesetzt. Plötzlich scheint er „laut nachzudenken“, denn sein Plan, ein Wesen zu schaffen, das in gewissem Sinn sein Partner sein könnte, ist ein besonderer Schritt. Gott scheint mit sich zu ringen, ob er einen Menschen erschaffen soll, der sich selbst steuern kann und damit in der Lage ist, sich von seinem Schöpfer loszusagen. „Wenn Gott innehält, ehe er den Menschen in die Schöpfung einfügt, dann spüren wir das Risiko, das damit verbunden ist: Geht es bei den Menschen um die Krönung der Schöpfung oder geht es um ihre Kreuzigung?“[51] Wie real dieses Innehal-

50 So z. B. Moltmann, 224.
51 Thielicke, *Wie die Welt begann,* 32.

ten ist, sehen wir dann in Gen 3, bei der Erzählung von der Verführung des Menschen.

Das Selbstgespräch verschafft Klarheit, denn im weiteren Verlauf ist kein Zögern mehr spürbar: „Lasst uns Menschen machen, als unser Abbild, uns ähnlich." Diese Aussage über die Erschaffung des Menschen ist in der jüdischen und christlichen Theologie immer wieder neu und oft sehr gegensätzlich ausgelegt worden. Weil aber die *Gottesebenbildlichkeit* des Menschen zum Kern der biblischen Schöpfungsbotschaft gehört, muss sich jede Generation neu die Frage stellen, was die biblischen Aussagen bedeuten und was sie uns heute zu sagen haben.[52]

„Bild" oder „Abbild" ist eine Übersetzung des hebräischen *zäläm.* Das Wort ist wahrscheinlich von *schnitzen* abgeleitet und bezeichnet die Herstellung von Statuen. Deshalb wird das Wort auch für das Schnitzen von Götzenbildern gebraucht und es ist erstaunlich, dass *zäläm* hier für die *Gottesebenbildlichkeit* steht.[53] Der Grund für diesen Sprachgebrauch liegt aber wohl gerade in dieser Spannung. Der Mensch ist Gott ähnlich, so wie man die Ähnlichkeit zwischen einem lebenden Menschen und einer geschnitzten Statue feststellen kann. Gleichzeitig aber gibt es einen „himmelweiten" Unterschied zwischen Gott und Mensch – im wahrsten Sinn des Wortes. So wie eine geschnitzte Figur niemals zu einem lebenden Menschen werden kann, wird ein Mensch nie zu Gott werden. Die Gottesebenbildlichkeit begründet also kein „Übermenschentum", sondern macht sowohl auf die Ähnlichkeit zwischen Gott und Mensch aufmerksam wie auf ihre Unterschiedlichkeit.

Neben *zäläm* gibt es einen zweiten Begriff, der das Verhältnis zwischen Gott und Mensch beschreibt: *demut,* meistens mit „ähnlich" übersetzt. Damit ist keine äußere Ähnlichkeit gemeint, wie man früher oft meinte, etwa der aufrechte Gang des Menschen oder seine intellektuellen Fähigkeiten. *Demut* kann am besten mit *vergleichbar* wiedergegeben werden. Was aber macht die Vergleichbarkeit zwischen Gott und Mensch aus, wenn es nicht um äußere Ähnlichkeiten geht? Es gibt nur eine vergleichbare Eigenschaft: Beide, Gott und Mensch, können mit-

---

52 Vgl. Waschke, *Untersuchungen zum Menschenbild der Urgeschichte,* 17–23; Westermann, *Schöpfung,* 80–88; Scheffczyk, *Einführung in die Schöpfungslehre,* 79–84.

53 Es ist eine berechtigte Frage, ob *zäläm* und *demut* in Gen 1 mit dem Begriff *Gottesebenbildlichkeit* zutreffend beschrieben wird. Denn er betont die Ähnlichkeit zwischen Gott und Mensch stärker als die hebräischen Formulierungen. Er ist aber so eingebürgert, dass man ihn kaum umgehen kann.

einander kommunizieren, in einen gegenseitigen Kontakt treten und eine Beziehung zueinander aufnehmen.

Die *Gottesebenbildlichkeit* liegt also in der *Beziehungsfähigkeit* zwischen Gott und Mensch, die Gott dem Menschen als Schöpfungsgabe mitgegeben hat. Der Mensch ist Gottes Ebenbild, weil Gott ihn anredet und der Mensch ihn hören kann – und ebenso, weil der Mensch Gott anreden kann und dieser ihn hört.[54] Das macht unser Text auch noch auf eine andere Weise deutlich: Während die Entstehung eines Schöpfungswerks immer mit der Formel „Und Gott sprach" eingeleitet wird, heißt es in Gen 1,28: „Und Gott sprach zu *ihnen*". Die Gottesebenbildlichkeit ist also darin begründet, dass der Mensch von seinem Schöpfer die Fähigkeit erhalten hat, Gottes Partner zu sein. Das bedeutet keine Gleichheit, denn Partner können durchaus verschieden sein, wenn sie die Fähigkeit besitzen, eine Beziehung einzugehen. Und so kann der Mensch Gottes Partner sein, auch wenn er immer wieder der Sünde anheimfällt. Er ist es überhaupt nur dann, wenn er seine eigene Begrenzung richtig einschätzt und sich demütig an Gott wendet.

Gott hat nun aber nicht einfach *den* Menschen geschaffen: „Als Abbild schuf er ihn, *männlich* und *weiblich* schuf er sie." Die meisten Übersetzungen wählen hier die substantivische Form „als Mann und Frau schuf er sie", obwohl das nicht dem Text entspricht. Denn hier ist nicht an einzelne Personen gedacht, etwa an Adam und Eva, sondern im grundsätzlichen Sinn an das Wesen der Geschlechter. Gott ist so groß, dass die Ebenbildlichkeit des Menschen nicht in nur einem Geschlecht abgebildet werden kann, sondern nur in der Unterschiedlichkeit und Ergänzungsfähigkeit des Männlichen und Weiblichen. Und indem beide Geschlechter nebeneinander ohne irgendwelche Einschränkungen genannt werden, kann dieser Text auch nicht dazu herangezogen werden, irgendeine Über- oder Unterordnung von Mann und Frau zu begründen, weder im patriarchalen noch im feministischen Sinn.

Im Gegensatz zu den anderen Schöpfungswerken ist beim Menschen nun wieder davon die Rede, dass Gott ihn „schuf", und das wird im Text durch die zweifache Nennung von *bara* besonders betont: „Gott *schuf* den Menschen als sein Abbild, als Abbild Gottes *schuf* er ihn." Danach ist der Mensch nicht einfach eine Weiterentwicklung der höheren Tiere, sondern ein Wesen mit einer speziellen Identität. Denn er ist nach dem Bild Gottes geschaffen und das wird von keinem anderen Lebewesen

54 BARTH, *Kirchliche Dogmatik III/1*, 204–233; WESTERMANN, *Genesis 1–11*, 204–214.

gesagt. Aus biblischer Sicht ist es also nicht möglich, die Entstehung des Menschen einfach als geradlinige Entwicklung aus dem Tierreich zu verstehen, wie das von den meisten Evolutionsbiologen der Gegenwart vertreten wird.[55]

Muss damit die These, dass sich der Mensch aus den Säugetieren über die Primaten bis zu seiner heutigen Art entwickelt habe, vonseiten des Schöpfungsglaubens zurückgewiesen werden? Zunächst ja, denn die Wesensverwandtschaft des Menschen mit Gott ist aus der göttlichen Welt abgeleitet und nicht aus einer irdischen Evolution erwachsen. Es gibt aber auch die andere Seite: Sowohl Gen 1 wie Gen 2 betonen die Nähe des Menschen zum Tier. In Gen 1 „bekommen" Landtiere und Menschen nur einen gemeinsamen Schöpfungstag und der Segen der Vermehrung wird für Tiere und Menschen in denselben Worten zum Ausdruck gebracht. In Gen 2 werden sowohl die Tiere als auch der Mensch von Gott mit seinen eigenen Händen aus Erde geformt. Ist also auch ein vorsichtiges „Ja" zur evolutionären Entwicklung des Menschen möglich?

Für mich geht es hier um eine Balance: Der Mensch ist weder „schon" Gott oder „noch" Tier, denn er hat Anleihen von beidem. Gott hat bei der Erschaffung des Menschen nicht „das Rad neu erfunden", sondern mit den von ihm vorher erschaffenen Lebensformen, dem Genom und dem Körperbau der höheren Tiere, zu einem neuen Schöpfungsakt ausgeholt und den Menschen nach seinem Bild erschaffen. Man sucht ja bei der Entwicklung des Menschen aus dem Tierreich immer noch nach dem „missing link", dem verborgenen Bindeglied, das vor allem die Entstehung des menschlichen Geistes erklären könnte. Wahrscheinlich ist es noch nicht gefunden worden, weil man es auf diese Weise nicht finden kann. Hat man möglicherweise in einer falschen Richtung gesucht? Ich denke, dass man es in einer höheren Dimension finden könnte: im Schöpfungsakt Gottes.

---

55 MASUCH/STAUDINGER (Hg.), *Geschöpfe ohne Schöpfer?* 97–104; vgl. auch NAGEL, *Geist und Kosmos.*

Die Verantwortung des Menschen

Die Verantwortung des Menschen für die Erde und ihre Geschöpfe wird in Gen 1 mit dem Wort *herrschen* ausgedrückt. Lange Zeit hat man diese biblische Aussage missverstanden und als Freiraum zur Ausbeutung der Natur angesehen. Was ist mit diesem Wort gemeint? *Herrschen* heißt ursprünglich *niedertreten,* ein Wort, mit dem das Keltern des Weines beschrieben wird, das früher durch das Stampfen mit den bloßen Füßen geschah. Viele Auslegungen rücken den Anteil der Gewalt, der in diesem Vorgang steckt, in den Vordergrund. Man kann das auch ganz anders sehen, denn die Trauben werden ja nicht zertreten, um sie zu zerstören, sondern um den Traubensaft von der Umhüllung zu trennen. So gesehen heißt „Herrschen über die Schöpfung", sie sinnvoll zu nutzen. Das schließt eine begründete Gewalt nicht aus: Tiere fressen sich gegenseitig; der Mensch muss gegen wilde Tiere kämpfen, um sich zu schützen; und jede Gewinnung von Nahrung für den Menschen schließt den Tod von Pflanzen und Tieren ein. Der Zusammenhang in Gen 1 zeigt aber auch, dass alle Lebewesen Gottes Geschöpfe sind, sodass jeder Eingriff in die Natur in Verantwortung vor dem Ganzen zu geschehen hat.

In Gen 1,28 wird dem Menschen der Auftrag zum Herrschen im Zusammenhang mit dem göttlichen Segen erteilt: „Gott segnete sie und Gott sprach zu ihnen: Seid fruchtbar und vermehrt euch, bevölkert die Erde, macht sie euch untertan und herrscht über die Fische des Meeres …" In der heidnischen Umwelt Israels sah man die Aufgabe des Menschen darin, den Göttern zu dienen. Die biblische Aussage in Gen 1 leitet dagegen einen *Paradigmenwechsel* ein: Denn die Aufgabe des Menschen besteht jetzt darin, im Auftrag Gottes der Schöpfung zu dienen, und zwar so, dass es im Rahmen des Ganzen allen dient. Der Mensch soll die Erde „in Besitz nehmen" – so möchte ich angesichts des historischen Fehlverhaltens des Menschen bei der Ausbeutung der Natur die Formulierung „untertan machen" interpretieren. Und das soll so geschehen, dass es für alle Betroffenen zum Segen ist. Die Erde ist zum Nutzen geschaffen, allerdings für alle ihre Geschöpfe. Das wird in unserem Text zum Ausdruck gebracht, indem die Verantwortung des Menschen auf „die ganze Erde" ausgedehnt wird (Gen 1,26).

Die Herrschaft des Menschen über die Schöpfung und damit die Verantwortung für sie wird in Gen 1 in den Worten dargestellt, die sonst die

Herrschaft von Königen beschreiben.[56] Das könnte man leicht missverstehen, weil man bei Königen vor allem an Macht und Machtmissbrauch denkt. Das ist aber hier nicht so gemeint, denn die Könige Israels sollten von ihrer Berufung her so herrschen, dass es für alle zum Segen werden sollte. So, wie die Vermehrung des Menschen ein Zeichen des Segens ist, sollte es auch sein verantwortliches Handeln in der Schöpfung sein. „Bebauen und bewahren" – diese Formel aus Gen 2 beschreibt, wie sich der Mensch nach dem Willen Gottes die Erde nutzbar machen soll. Daher gibt es hier keinen Freiraum für irgendeine Art von *Ausbeutung*, weder für die Ausbeutung der Natur noch für die Ausbeutung von Menschen durch Menschen.

In Verbindung mit dem Segen Gottes für die Menschen heißt es: „Seid fruchtbar und vermehrt euch, bevölkert die Erde …" Am Anfang war die Erde menschenleer und noch vor einigen Hundert Jahren gab es bewohnbare Gebiete, die unbewohnt waren. Was aber machen wir mit diesem Auftrag auf einer Erde, die mit mehr als sieben Milliarden Menschen an die Grenze ihrer Aufnahmefähigkeit stößt? Einen Hinweis finden wir bereits im Text selbst: Wir sollen die Erde *bevölkern.* Das kann man aber nur, solange sie noch nicht *übervölkert* ist. Hier sehen wir, dass man biblische Aussagen nicht unabhängig von ihrer historischen Einordnung sehen kann. Denn der Auftrag, die Erde zu *füllen,* gilt nur so lange, bis sie *gefüllt* ist. Im Zusammenhang mit dem Auftrag zu herrschen heißt das, dass wir als Menschen auch unsere Fruchtbarkeit verantwortlich zu gestalten haben, damit die Erde ein würdiger Lebensraum für alle ihre Geschöpfe werden und bleiben kann.

Eine Vision: Die Schöpfung im Schalom

Am Ende des sechsten Schöpfungstages steht ein Text über die Verteilung der Nahrung zwischen Mensch und Tier: „Dann sprach Gott: Hiermit übergebe ich euch alle Pflanzen auf der ganzen Erde, die Samen tragen, und alle Bäume mit samenhaltigen Früchten. Euch sollen sie zur Nahrung dienen. Allen Tieren des Feldes, allen Vögeln des Himmels und allem, was sich auf der Erde regt, gebe ich alle grünen Pflanzen zur Nahrung" (Gen 1,29-30). Der Text wirft einige Fragen auf, denn er zeigt eine Vision, die von einem „anderen Stern" zu kommen scheint:

56 Westermann, *Schöpfung*, 75 ff.

Tiere fressen sich nicht gegenseitig, Menschen essen kein Fleisch und alle ernähren sich von Pflanzen. Eine Natur dieser Art können wir uns nicht vorstellen und der Text passt auch nicht in den Gesamtzusammenhang von Gen 1. Wozu braucht man das Vieh, also die Nutztiere, wenn man kein Fleisch isst? Und was hat sich zwischen Gen 1–3 und Gen 4 verändert, wo von Abel, dem Viehzüchter, gesprochen wird? Und was machen wir mit Gen 9,3, wo im Bund Gottes mit Noah gesagt wird: „Alles Lebendige, was sich regt, soll euch zur Nahrung dienen"?

Hier ist wohl eine Urerinnerung erhalten geblieben: eine Schöpfung im Schalom, eine Natur ohne Blutvergießen, eine Welt ohne gegenseitige Bedrohung von Mensch und Tier, in der sich alle Lebewesen von Pflanzen ernähren. Nun steht dieser Text im Zusammenhang mit dem Herrschen des Menschen, und jenseits aller Utopie zeigt er uns die grundlegende Zielsetzung Gottes mit seiner Schöpfung: der umfassende *schalom*. Der Mensch soll durch sein *Herrschen* und *Nutzbarmachen* so viel Würde und Frieden in die Schöpfung bringen wie irgend möglich. Der umfassende Friede jedoch ist erst einem neuen Himmel und einer neuen Erde verheißen, wie sie der Prophet Jesaja in seiner Zukunftsvision beschreibt: „Dann wohnt der Wolf beim Lamm, der Panther liegt beim Böcklein. Kalb und Löwe weiden zusammen, ein kleiner Knabe kann sie hüten. Kuh und Bärin freunden sich an, ihre Jungen liegen beieinander. Der Löwe frisst Stroh wie das Rind. Der Säugling spielt vor dem Schlupfloch der Natter und das Kind steckt seine Hand in die Höhle der Schlange" (Jes 11,6-8).

Kapitel 8

Der siebte Schöpfungstag

(Genesis 2,1–4a)

Arbeitsfreie Tage empfinden wir heute als so normal, dass wir leicht übersehen, wie revolutionär man die Aussagen von Gen 2 über den Ruhetag damals empfinden musste. Wir sprechen oft vom Menschen als der *Krone der Schöpfung,* obwohl dieser Begriff in den Schöpfungstexten nicht vorkommt. Wenn wir diesen Ausdruck trotzdem benützen wollen, müssten wir diese Auszeichnung nicht dem Menschen, sondern dem siebten Schöpfungstag verleihen. Denn der siebte Tag, der Tag der Ruhe und der Feier, ist die Vollendung der Schöpfung – und er gilt nicht nur für Gott, sondern für die ganze Schöpfung (Ex 20,8-11).

Der siebte Tag

Im Text fällt sofort auf, dass hier zweimal kurz hintereinander von *vollenden* gesprochen wird: „So wurden Himmel und Erde *vollendet* und ihr ganzes Gefüge. Am siebten Tag *vollendete* Gott das Werk, das er geschaffen hatte, und er ruhte …“ Das ist keine Wiederholung von der Art, wie wir sie in Gen 1 finden, denn es handelt sich jeweils um einen anderen Bezug. Beim ersten Mal geht es um den Abschluss der eigentlichen Schöpfungsarbeit, also des *Sechstagewerks,* beim zweiten Mal aber um die Vollendung der gesamten Schöpfung, also des *Siebentagewerks.* Und tatsächlich kann *kalah,* „vollenden“, zwei unterschiedliche Bedeutungen haben: entweder eine Sache *abschließen* oder eine Sache *zum Ziel führen.* Dieser Unterschied ist hier gemeint, obwohl ihn unsere Übersetzungen nicht deutlich machen. Die reale Schöpfung ist mit dem sechsten Schöpfungstag abgeschlossen, „vollendet“ aber ist sie noch nicht, denn ihr Ziel und ihre Vollkommenheit erreicht sie erst in der Ruhe und der Feier des siebten Tages.

Obwohl das große Lob der Schöpfung schon in Gen 1,31 gesprochen worden ist, wird danach noch einmal festgestellt, dass die Erschaffung von Himmel und Erde mit ihrem ganzen „Gefüge“, also ihrer Vielfalt und Ordnung, abgeschlossen ist. Gemeint ist die Fülle des Geschaffenen, das *Heer der Schöpfung,* wie es wörtlich heißt: der Himmel mit den unzähligen Gestirnen, die Erde als Ort des Lebens, das Meer mit seinen Tiefen und das Land mit seinen Höhen, dazu die Vielfalt der Lebewesen, der Pflanzen, Tiere und Menschen. Zum „Heer" gehört auch die Ordnung der Schöpfung, ihre Naturgesetze, das Wesen des Lebens und das Miteinander der Lebewesen, das Geheimnis von Leben und Tod und die Entwicklung der Schöpfung bis zum heutigen Tag. Das aber scheint dem Schöpfer noch nicht zu genügen, und deshalb sagt unser Text, dass die Schöpfung mit dem Sechstagewerk zwar abgeschlossen, aber noch nicht vollendet ist.

Was fehlt eigentlich noch, nachdem das Wasser und das Land belebt sind und der Mensch als Partner Gottes die Verantwortung für die Schöpfung übernehmen kann? Es ist wie beim Einzug in ein neues Haus: Das Haus ist gebaut, die Möbel sind eingeräumt, die Familie ist versammelt und die Arbeit getan. Aber wozu? Es ist ja alles gebaut und eingeräumt worden, damit man in diesem Haus leben kann. Und Leben ist mehr als Arbeit, oder anders ausgedrückt: Die Arbeit ist für das Leben da, nicht das Leben für die Arbeit. Und damit wir das wirklich begreifen, macht es uns Gott vor. Ich lese Gen 2,2 so: „Am siebten Tag vollendete Gott das Werk, das er geschaffen hatte, *indem* er ruhte." Und weil *sabat* nicht nur *ruhen* heißt, sondern auch *feiern,* ist das hier in einem großen Zusammenhang gemeint: Gott beendet seine Arbeit, um das Geschaffene zu genießen. Um auf unser Beispiel zurückzukommen: Die Familie ist eingezogen und will ihr neues Haus genießen, in ihm leben, um im neuen Zuhause das eigene Leben zu gestalten.

Gott hat den Ruhetag eigentlich nicht für sich eingeführt, denn müde im menschlichen Sinn war er gewiss nicht. Aber er hat die Natur und den Menschen so geschaffen, dass es einen gesunden Rhythmus zwischen Arbeit und Ruhe, Anspannung und Entspannung, Geben und Nehmen braucht. Und dazu gehört der Wechsel zwischen der anstrengenden Arbeit und der Freude am Genießen der Dinge, die entstanden sind. Der siebte Tag ist Ruhe und Feier, das „zu sich selbst Kommen unter den Augen Gottes". Es geht beim Ruhetag um die Unversehrtheit des physischen und des psychischen Lebens, denn wir haben beides aus den Händen Gottes empfangen. Daher erklärt Gott den Ruhetag als *heilig,* als etwas, das zu ihm gehört. Er zieht ihn in seine Gegenwart, damit wir ihn aus seinen Händen zurückerhalten. Deshalb ist der siebte Tag die Vollendung der Schöpfung, denn Gott schenkt uns diesen Tag, damit wir unser Leben genießen können, indem wir zu uns, zu ihm und zur ganzen Schöpfung finden.[57]

Fortwährende Schöpfung

Die Schöpfung ist folglich erst mit dem siebten Schöpfungstag vollendet worden, also an ihr Ziel gekommen. Bedeutet das nun, dass sich Gott nach Vollendung seiner Schöpfung aus dem schöpferischen Bereich zurückgezogen hat und sein Schöpfungswerk nur noch den Naturgesetzen überlässt? Es gibt mehrere Ansätze in unserem Text, die für eine andere Interpretation von *Vollendung* sprechen: Die Schöpfung ist am Ziel angekommen, aber sie befindet sich weiter auf dem Weg. Was sagt unser Text dazu?

1. Zunächst fällt auf, dass es nach der Beschreibung des siebten Tages keinen „Tagesabschluss" gibt. Denn eigentlich müssten wir ihn gerade am Ende des Berichts über das Siebentagewerk finden, sozusagen als endgültigen Abschluss. Aber das, was für den endgültigen Abschluss von Gottes Schöpfung sprechen würde, fehlt hier. Wir haben bei der Betrachtung der naturwissenschaftlichen Seite der Schöpfung festgestellt, dass ein vollkommener Rückzug Gottes aus der Schöpfung bedeuten würde, die Welt an die Herrschaft eines totalen Materialismus auszuliefern: Die Elemente sind da, die Energien auch, die Naturgesetze regeln alles und die Lebewesen entwickeln sich allein durch Zufall und natürliche Auslese.[58] So ist das Siebentagewerk offensichtlich nicht gemeint, denn dann hätte am Ende wohl doch stehen müssen: „Es wurde Abend und es wurde Morgen: der letzte Tag."
2. Es gibt einen weiteren Hinweis in unserem Text, der für die Realität einer *creatio continua,* einer „fortwährenden Schöpfung", spricht. Das ist eine merkwürdige und schwer zu übersetzende Formulierung am Ende von Gen 2,3, die in den meisten Übersetzungen irgendwie geglättet ist. Denn am Ende dieses Verses steht *la'assoth,* „um zu wirken". Die eine Auslegung sieht darin eine Bestätigung dessen, was bereits geschehen ist und schließt sich der Übersetzung der Elberfel-

57 Vgl. Moltmann, 279–290.
58 So etwa Monod, *Zufall und Notwendigkeit.*

der Bibel an: „... denn an ihm ruhte er von all seinem Werk, das Gott geschaffen hatte, *indem er es machte.*" Was aber würde die wörtliche Übersetzung von *la'assoth,* „um zu wirken", für einen Sinn ergeben? Man könnte *la'assoth* dann als einen Hinweis auf die Zukunft der Schöpfung nach dem Siebentagewerk lesen.[59] Somit würde der Vers folgendermaßen heißen: „... denn an ihm ruhte er von all seinem Werk, das Gott geschaffen hatte, *um (weiter) zu wirken.*" Damit wäre die Schöpfung dann wirklich eine *creatio continua* und der Ruhetag – wie beim Menschen auch – eine *schöpferische Pause.*

3. Schließlich unterstützt der 104. Psalm den Gedanken einer fortdauernden Schöpfung: „Sendest du deinen Geist aus, so werden sie alle erschaffen, und du erneuerst das Antlitz der Erde" (Ps 104,30). Hier werden die Veränderungen in der Schöpfung und ihre weitere Entwicklung in einer untrennbaren Verbindung mit Gott gesehen, mit seiner *ruah,* die schon über dem *tohu wabohu* wachte. Gott hat sich als Schöpfer nicht abgemeldet, sondern pflegt und führt seine Schöpfung in großer Sorgfalt, damit sie trotz der Verfehlungen des Menschen die Heimat aller seiner Geschöpfe bleiben kann. Wie schon am Anfang hat er ihr bis heute die Fähigkeit zur Evolution gegeben, und er wird uns Menschen erst dann aus unserer Verantwortung für die Schöpfung entlassen, wenn es zur Entstehung des neuen Himmels und der neuen Erde gekommen ist.[60]

Exkurs: Die Gerechtigkeit des Sabbat

Die Vollendung der Schöpfung ist also der Ruhetag, der Tag, an dem alle „zu Atem kommen" sollen. Damit ist er zum Vorbild für den Sabbat in Israel und später für den geregelten Rhythmus von Arbeit und Ruhe geworden, der heute in der Welt die Grundlage des säkularen Arbeitsrechts bildet. Es lohnt sich also, in diesem Exkurs einen Blick auf die Sabbatgebote der *Tora* zu richten, die in einem engen Zusammenhang mit den Schöpfungstexten der Bibel stehen.[61]

---

59 SCHALOM BEN CHORIN, *Schöpfung und Evolution,* in: MÜLLER (Hg.), *Naturwissenschaft und Glaube,* 27f.

60 Vgl. GROSSMANN, *Aufbruch in Gottes Zukunft,* 89–104.

61 Zu Sabbat, Sabbatjahr und Erlassjahr vgl. SÖLLE/SCHROTTROFF, *Die Erde gehört Gott,* 58; MOLTMANN, *Gott in der Schöpfung,* 290ff.; GROSSMANN, *Hoffnung gewinnen,* 196–202.

Weil die Freiheit des Ruhetags nur dann gewährleistet ist, wenn er die Lebensordnung der ganzen Gesellschaft bestimmt, musste der Sabbat in den Zehn Geboten verankert und damit als verbindliche gesellschaftliche Ordnung anerkannt werden. Damit wird Arbeit und Leistung nicht abgewertet, sondern eingeordnet – denn die *Tora* ist keinesfalls leistungsfeindlich. Arbeit ist nötig, um das Leben zu bestehen, das eigene wie das der anderen, soweit es meine Verantwortung betrifft. Die Arbeit ist die Voraussetzung, um zur Ruhe finden zu können, will man den eigenen Ruhetag nicht auf Kosten der Allgemeinheit begehen. Arbeit aber, welche die Ruhe behindert, ist weder *schöpfungsgemäß* noch *schöpferisch.* Deshalb hat Gott dem Volk Israel den Ruhetag „verordnet" und an sein eigenes Schöpfungshandeln gebunden, damit ihn alle genießen können – und nicht nur diejenigen, die ihn sich leisten können.

Der Sabbat hat nicht nur eine Beziehung zum privaten Leben – im Gegenteil: Er wird im Leben des Volkes Israel zur Keimzelle für Freiheit und Gerechtigkeit. Das wird vor allem in den Zehn Geboten betont, die den Sabbat ausführlich würdigen:

> Gedenke des Sabbats: Halte ihn heilig! Sechs Tage sollst du schaffen und jede Arbeit tun. Der siebte Tag ist ein Ruhetag, dem Herrn, deinem Gott geweiht. An ihm darfst du keine Arbeit tun, du, dein Sohn und deine Tochter, dein Sklave und deine Sklavin, dein Vieh und der Fremde, der in deinen Stadtbereichen Wohnrecht hat. Denn in sechs Tagen hat der Herr Himmel, Erde und Meer gemacht und alles, was dazugehört; am siebten Tag ruhte er. Darum hat der Herr den Sabbat gesegnet und ihn für heilig erklärt (Ex 20,8-11).

Hier wird die Beziehung zwischen dem Sabbatgebot und dem Ruhetag des Schöpfers ganz direkt hergestellt. Gott erklärt den Rhythmus zwischen Arbeit und Ruhe als schöpfungsgemäß und lässt dabei keine gesellschaftliche Relativierung zu. Ebenso wichtig ist die Beziehung des Sabbats zur Gerechtigkeit, denn als Nutznießer des Ruhetags werden vor allem die aufgezählt, die in ihrer Arbeit von anderen abhängig sind: Kinder, Fremde, Sklaven und die Arbeitstiere. Der Freie kann selbst dafür sorgen, dass er in einem schöpfungsgemäßen Rhythmus von Arbeit und Ruhe lebt, während der Abhängige den Schutz des Sabbatgebotes braucht. Es entspricht der Grundaussage der Schöpfungsgeschichte, die für Landtiere und den Menschen einen gemeinsamen Schöpfungstag kennt, die Arbeitstiere und die ganze vom Menschen abhängige Natur unter den Schutz des Sabbats zu stellen.

Der jüdische Theologe Abraham Joshua Heschel stellt den Sabbat mitten hinein in die Situation der modernen Welt:

> Was ist der Sabbat? Eine Erinnerung an jedermanns Königswürde, eine Aufhebung der Unterscheidung von Herr und Knecht, reich und arm, Erfolg und Fehlschlag. Den Sabbat feiern bedeutet, unsere letzte Unabhängigkeit von Zivilisation und Gesellschaft zu erfahren, von Leistung und Angst. Der Sabbat ist eine Verkörperung des Glaubens, dass alle Menschen gleich sind und dass die Gleichheit der Menschen ihren Adel ausmacht ... Die Dinge, die in den sechs Tagen ins Leben gekommen sind, sind gut; aber der siebte Tag ist „heilig!" Der Sabbat ist Heiligkeit in der Zeit.[62]

Damit nun die ganze Schöpfung zu Atem kommen kann, genügt der Rhythmus der Tage nicht. Dafür gibt es das *Sabbatjahr,* das in Ex 23,10-12 erklärt wird. Sechs Jahre soll der Boden bewirtschaftet werden, im siebten Jahr aber soll er brachliegen. Die ökologische Bedeutung liegt auf der Hand, und das begreifen wir heute besser als in biblischen Zeiten, weil wir sehen, was geschieht, wenn wir der Natur keine Ruhepause gönnen. Dieses Jahr ohne Aussaat und Ernte sollte aber nicht auf Kosten der abhängig Beschäftigten und der Arbeitstiere gehen. Deshalb sollten sich die Besitzenden vor dem Sabbatjahr bevorraten, damit das, was von selbst auf den Feldern wuchs, den Besitzlosen und Arbeitstieren gehörte. Das ist also das Sabbatjahr: Die Besitzenden lebten ein Jahr von ihren Vorräten, die Besitzlosen und die Arbeitstiere fanden genug auf den Feldern und die Natur konnte sich regenerieren.

Für eine durchgreifende soziale Erholung des gesamten Volkes aber reichte auch das Sabbatjahr nicht aus. Das sollte durch das *Jobeljahr* geschehen, genannt nach dem *jobel,* dem „Widderhorn", mit dem dieses Jahr feierlich angekündigt wurde. Wir nennen das heute meist *Erlassjahr,* denn es sollte folgende Funktion erfüllen: In diesem Jubeljahr sollte „jeder von euch zu seinem Besitz zurückkehren" (Lev 25,13). Diese Dreiteilung des Sabbatgebotes hat einen tiefen Sinn: Für die Erholung des Menschen brauchte man den Rhythmus der Tage, also den *Sabbattag.* Für die Erholung der Natur brauchte man den Rhythmus der Jahre, also

62 Zit. nach SÖLLE/SCHOTTROFF, *Die Erde gehört Gott,* 58.

das *Sabbatjahr*. Und für die Erneuerung der Sozialstruktur des Volkes brauchte man den Rhythmus der Generationen, also das *Erlassjahr*, das in jedem 50. Jahr begangen werden sollte.

Das Erlassjahr kennt fünf grundlegende Bestimmungen, die in Lev 25 teilweise bis in die Einzelheiten erklärt werden:

1. Weil das Erlassjahr als 50. Jahr immer auf ein 49. Jahr, also ein Sabbatjahr, folgte, musste der Boden zwei Jahre nacheinander brachliegen, was eine ökologische Grunderholung bedeutete.
2. Weil man unter den damaligen Bedingungen nicht für zwei Jahre vorsorgen konnte, sollten im Erlassjahr alle, Arme wie Reiche, auf die Felder gehen und sich von dem ernähren, was zu finden war. Gott hatte versprochen, diese beiden Jahre so zu segnen, dass es für alle ausreichte. Das Erlassjahr sollte also zu einem „sozialen Praktikum" werden, in dem man Gleichheit und Gerechtigkeit lernen konnte. Denn bei der gemeinsamen Nahrungssuche waren alle in einer gemeinsamen Situation und die sozialen Unterschiede waren nicht mehr zu erkennen.
3. Die Grundstücke, welche die Großfamilien bei der Landnahme im Land Kanaan erhalten hatten, sollten ein dauerhaftes Lehen sein. Wenn aus irgendeinem Grund, wegen einer Naturkatastrophe oder einer Krankheit, eine Familie ihr Grundvermögen verkaufen musste, konnte das nur vorübergehend sein, denn zum nächsten Erlassjahr musste das Grundstück kostenfrei an die alten Besitzer zurückgegeben werden. Der Kaufpreis sollte berechnet werden, indem man den durchschnittlichen Jahresertrag mit den noch ausstehenden Jahren bis zum nächsten Erlassjahr multiplizierte.
4. Alle israelischen Schuldsklaven mussten im Erlassjahr freigelassen werden, denn nur so konnte man vermeiden, dass sich innerhalb des Volkes Israel ein dauerhafter Sklavenstand entwickelte.
5. Wer in einer ummauerten Stadt ein Wohnhaus kaufte, brauchte es zum Erlassjahr nicht zurückzugeben, denn er besaß ja kein anderes Eigentum und keine andere Wohnmöglichkeit.

Dieses Programm klingt heute noch ebenso revolutionär wie damals, und es ist zu vermuten, dass es in Israel nie flächendeckend Fuß gefasst hat.[63] Aber es ist Gottes Grundkonzept für soziale Gerechtigkeit, und

63 Moltmann, 291f.

es wird damit begründet, dass „die Erde dem Herrn gehört" (Ps 24,1). Das heißt: Es kann und darf Unterschiede im Besitz geben, aber diese Unterschiede dürfen nicht festgeschrieben werden, wie es durch einen festen Reichenstand und dauerhafte Armut geschehen würde. Alle fünfzig Jahre sollte die „Uhr der Besitzvermehrung" wieder auf null gestellt werden. Besitz ist demnach grundlegend ein *Lehen*, nicht von jemandem, der noch mehr besitzt als man selbst, was ja erneut zur finanziellen Macht führen würde, sondern ein Lehen aus der Hand Gottes.

Die Gerechtigkeit des Sabbats ist sowohl eine ökologische wie eine soziale Ordnung, die allerdings ganz auf die bäuerlichen Verhältnisse in Israel nach der Landnahme eingestellt war. Es wäre hoch interessant, der Frage nachzugehen, wie dieses göttliche Konzept der Gerechtigkeit in unserer heutigen Lebenswirklichkeit aussehen könnte.

Kapitel 9
„Da formte Gott, der Herr, den Menschen aus Erde“
(Genesis 2,4b-25)

Eine andere Welt

Wenn wir den zweiten Teil der Schöpfungsgeschichte in Gen 2–3 lesen, werden wir in eine andere Welt versetzt. Hier wird nicht berichtet, wie in Gen 1, sondern erzählt. Hier geht es nicht um das Universum und die Frage, wie alles angefangen hat. Hier geht es nur um den Menschen: Wo kommt er her? Wie ist sein Verhältnis zu Gott? Warum ist sein Leben so mühsam? Hier baut nicht ein Schöpfungswerk auf das andere auf, sondern es werden einfach zwei Geschichten erzählt – allerdings solche, die noch heute ihre Wirkung entfalten, denn hier sind Szenen gestaltet, die sich in das kollektive Gedächtnis von weiten Teilen der Gesellschaft eingeprägt haben: wie Gott den Menschen aus Erde formt, wie eine Gefährtin für ihn gesucht wird, wie sich Mann und Frau als Partner erkennen, wie die Schlange die Menschen verführt, und wie ihnen dadurch das Paradies verloren geht.

Aber was bedeuten diese Erzählungen für uns? Sind sie nur noch historisch interessant, als Beispiel, wie sich vor Tausenden von Jahren der Jahwe-Glaube entwickelt hat – ein Schöpfungsmythos unter vielen? Oder ist alles genau so geschehen, wie es hier erzählt wird, auch wenn es mit unserer heutigen Welterkenntnis überhaupt nicht übereinstimmt? Ich halte beide Wege für Sackgassen, denn ich verstehe diesen Text weder als Mythos noch als Beschreibung der Realität, sondern als *Gleichnis.* In Gen 2–3 werden Bilder geprägt und Beispiele erzählt, die uns die Schöpfung und den Menschen in ihr näherbringen, obwohl das Ereignis selbst eigentlich unbeschreibbar ist. Und weil unser Text seine Botschaft in eine Erzählung „verpackt“, kann sie immer wieder neu, auch heute, „entpackt“ werden.

„Bildworte, Vergleiche und Bilderzählungen dienen in der Bibel dazu, unanschauliche Sachverhalte, wichtige Wahrheiten und begrifflich nicht ganz fassbare religiöse Wirklichkeiten einsichtig zu machen und dem Hörer oder Leser so vor Augen zu stellen, dass er davon betroffen und zum richtigen Verhalten bewegt wird."[64] Es ist ein großartiger Akt der göttlichen Pädagogik, uns die entscheidenden Erkenntnisse über den Menschen in der Schöpfung in der Art eines Gleichnisses zu übermitteln. Damit führt uns allerdings die Frage, ob sich das alles so abgespielt haben könnte, wie es hier erzählt wird, in die Irre. Das wäre ähnlich, als wenn wir fragen würden, ob der „Verlorene Sohn" wirklich gelebt hat. Denn bei einem Gleichnis stellt sich nicht die Frage, ob die Geschichte, die erzählt wird, so geschehen ist, sondern ob die Botschaft, die sie transportiert, wahr ist.

In diesem Sinn möchte ich den Text auslegen: Wir wollen fragen, welche göttliche Botschaft die Erzählung veranschaulichen will, was sie den damaligen Zeitgenossen vermittelte und was sie uns heute zu sagen hat. Damit wird die Verbindlichkeit des Wortes Gottes nicht geschwächt – im Gegenteil: Sie wird eher gestärkt, denn als Botschaft eines Gleichnisses können wir sie auch heute „eins zu eins" in unsere aktuelle Lebenssituation übertragen, ohne uns in der Problematik unterschiedlicher Weltbilder zu verheddern.

Die Erschaffung der Welt und des Menschen *(Gen 2,4b-7)*

Der Text hat einen ungewöhnlichen Aufbau, der in den meisten Übersetzungen nicht dargestellt wird, für die Auslegung aber wichtig ist. Ich versuche ihn hier, in der Übersetzung Gerhard von Rads, deutlich zu machen:[65]

> Als Jahwe, Gott, die Erde und den Himmel machte
> *– noch war kein Steppenbusch auf Erden,*
> *noch wuchs kein Kraut auf dem Feld,*
> *denn Jahwe, Gott, hatte noch nicht regnen lassen auf den Erdboden,*
> *und es war kein Mensch da, den Erdboden zu bebauen,*
> *nur Grundwasser stieg von der Erde auf*
> *und feuchtete den ganzen Erdboden –*
> da bildete Jahwe, Gott, den Menschen

64 KNOCH, *Wer Ohren hat, der höre*, 9f.
65 VON RAD, 58.

aus Staub vom Erdboden
und hauchte in seine Nase den Lebensodem ein;
so ward der Mensch ein lebendiges Wesen.

Der Text beginnt mit einem Nebensatz, der Gen 2 für die Beschreibung der Erschaffung der Welt genügt, das Chaos in der Natur mit all ihrer Unvollständigkeit wird als Einschub erzählt und die Erschaffung des Menschen in den abschließenden Hauptsatz eingebracht. Das entspricht der gesamten Zielsetzung im zweiten Teil der Schöpfungsgeschichte: Es geht um den Menschen, für den das Universum und die Natur der Erde nur Umgebungscharakter haben.

Die Eröffnung des Textes beginnt mit einer unbestimmten Zeitangabe: „Als Jahwe, Gott, Erde und Himmel machte". Das ist weniger als das grundsätzliche „Im Anfang" von Gen 1, entspricht aber ebenso der Erkenntnis, dass man über den Anfang aller Dinge kaum etwas sagen kann, außer – auch wenn das hier nur im Nebensatz gesagt ist – dass Jahwe, Gott, der Schöpfer aller Dinge ist. Das muss auch nicht besonders betont werden, denn Gott ist in allen Szenen der folgenden Erzählung als handelnde Person anwesend. Es ist außerdem konsequent, dass hier die Erde vor dem Himmel erwähnt wird, denn naturwissenschaftliche Interessen hat Gen 2–3 nicht, und deshalb bleibt der Text in einigen Bereichen auch hinter den naturwissenschaftlichen Erkenntnissen seiner Zeit zurück.

Obwohl die Erschaffung der belebten Natur hier nur in einem Einschub erzählt wird, ist sie keine Nebensache, denn dadurch wird begründet, warum es den Menschen geben muss. Er soll den Acker bebauen, und darin liegt auch der Sinn der Natur: Sie soll den Menschen dienen. Wir stören uns heute an der anthropozentrischen Ausrichtung von Gen 2–3, aber wir dürfen nicht vergessen, dass die Komposition der Schöpfungsgeschichte darin begründet ist, dass sie die Schöpfung von zwei Seiten beleuchtet: *kosmozentrisch* (wenigstens in ihren Anfängen) in Gen 1 und *anthropozentrisch* in Gen 2–3. Wenn wir die Perspektive von Gen 1 als Fundament des Ganzen sehen, können wir uns mit Gen 2–3 ganz auf das Thema „Der Mensch in der Schöpfung" konzentrieren. Dabei spielt es keine Rolle, dass Gen 1 der jüngere Text ist, denn die Komposition des Pentateuch beruht darauf, beide Teile der Schöpfungsgeschichte als Einheit zu sehen – und so ist Gen 1 mit Bedacht an den Anfang gesetzt worden.

Die Erde vor der Erschaffung des Menschen zeigt eine Natur der

Defizite, des „noch … nicht“. Denn der Text zählt auf, was noch nicht da ist: die höheren Pflanzen („Steppenbusch“), die Kulturpflanzen („Kraut“), die Tiere (Gen 2,19) und der Mensch („kein Mensch da“). Es gab zwar Feuchtigkeit, aber noch keinen Kreislauf des Wassers, eine der Grundvoraussetzungen für höheres Leben. Aus dem späteren Text ersehen wir, dass es auch beim Menschen Defizite gibt, obwohl er durch den Atem Gottes zum Leben gebracht wurde. Er kann noch nicht selbstständig leben und muss darum in einen beschützten Raum „gesetzt“ werden, den Garten *Eden,* wo er alles findet, was er zum Leben braucht. Obwohl er in diesem Rahmen selbstständig handeln kann („vom Baum essen“), ist er nicht in der Lage, Gut und Böse zu unterscheiden. Gott ist hier wie der Vater, der die Entwicklung seiner Menschenkinder begleitet und immer das hinzufügt, was noch fehlt – obwohl damit die Katastrophe der Verführung nicht verhindert wird.

Aus den Händen Gottes

Die Beschreibung, wie Gott den Menschen geschaffen hat, kommt uns heute nicht nur altertümlich, sondern geradezu märchenhaft vor. Aber auch hier wird ein Bild gebraucht, das wir nicht nach dem Wortlaut des Textes, sondern von der Tiefe seiner Aussage her verstehen sollten. Und wenn wir das tun, wird seine Übertragung auch für unsere Zeit eine große Bedeutung erlangen.

1. Nirgendwo kommt Gott dem Menschen so nahe wie hier, denn er formt ihn mit seinen eigenen Händen. Hier liegt der Beginn der unmittelbaren, unverstellten Beziehung zu Gott, wie sie die ganze Erzählung vom Menschen im Garten Eden darstellt. Gottes Zuwendung wird hier ganz konkret – es sind ja seine Hände, die den Menschen gestalten, und sein Atem, der ihn lebendig macht. Das ist nicht nur ein fernes Bild oder ein Ereignis aus Urzeiten, sondern ein Gleichnis, das bis in unsere heutige Gottesbeziehung hineinwirkt, denn die Vorstellung, dass ich als Mensch durch Gottes eigene Hände gestaltet bin, kann zum Fundament des Urvertrauens zu Gott werden.
2. *Jazar* („formen“) ist ein Ausdruck, der vor allem für künstlerische Arbeiten gebraucht wird: für das Formen aus Ton, für das Schnitzen einer Statue oder für das Gießen eines Kunstwerks aus Gold oder einem anderen Metall. Der Mensch ist also ein Kunstwerk Gottes,

wie es der 8. Psalm beschreibt: „Du hast ihn nur wenig geringer gemacht als Gott, hast ihn mit Herrlichkeit und Ehre gekrönt“ (Ps 8,6). Auch die Schöpfung ist sein Kunstwerk, denn er hat die Erde und die Berge gebildet (Ps 95,5-6) und die Tiere mit seinen eigenen Händen geschaffen (Gen 2,19). Und er hat dem Menschen die Fähigkeit mitgegeben, selbst Kunstwerke zu schaffen, wie es in Gen 4,21-22 beschrieben wird.

3. Der Mensch ist aus Erde erschaffen, und das wird durch ein Wortspiel verdeutlicht, das man nur im hebräischen Original erkennen kann: „Da formte Gott *adam*, den Menschen, aus Staub von *adamah*, dem Erdboden …“ *Erde* ist hier als Grundsubstanz der Schöpfung verstanden und wir wissen heute, dass *adam*, der „Erdling“, aus denselben Elementen besteht, die seine leblose und belebte Umgebung ausmachen, denn alles, was existiert, ist aus den chemischen Elementen zusammengesetzt. Was aber bedeutet hier das Wort *Staub*, das eine Besonderheit der biblischen Schöpfungserzählung darstellt? Alle Erklärungsmöglichkeiten scheinen hier verstellt und so kommt Claus Westermann zu dem Urteil, die Erschaffung aus Staub sei „ein ganz und gar unerklärbarer, nicht anschaulicher, wunderbarer Vorgang“.[66]

4. Zum Leben gebracht wird der Mensch durch das Einhauchen des Atems Gottes. Hier wird nun die Beziehung zwischen Gott und Mensch ganz intim, während das Formen durch die Hände Gottes ja doch noch etwas Technisches an sich hat. Gemeint ist keine Beziehung auf gleicher Ebene, wie sie etwa beim *Kuss* gegeben wäre, sondern eher eine Hilfeleistung, also eine Art *Mund-zu-Mund-Beatmung*, in der einer den anderen durch seinen Atem zum Leben bringt. Trotzdem ist auch dies ein Bild für meine persönliche Gottesbeziehung: Gottes Atem hat meinen Atem in die Bewegung gebracht, von der ich auch heute, viele Jahre nach meiner Geburt, lebe. Das „Kunstwerk Mensch“ ist also nicht nur schön, sondern auch lebendig, denn es *atmet*, in Bewegung gebracht durch den Atem Gottes.

5. Nun hat Gott nach Gen 2 auch die Tiere mit seinen eigenen Händen erschaffen. Auf der einen Seite zeigt dies die Nähe der Tiere zum Menschen, allerdings nur auf der biologischen Ebene. Denn die Tiere sind nach Gen 2 ohne den Lebensatem Gottes zum Leben gekommen und das wirft die Frage auf, welcher Unterschied zwischen Tier

66 Westermann, *Genesis 1–11*, 280.

und Mensch dadurch ausgedrückt werden soll. Es spricht alles dafür, dass damit der *Geist* des Menschen gemeint ist, allerdings nicht in erster Linie seine intellektuellen Fähigkeiten, sondern seine „Geistesverwandtschaft“ mit Gott, die ihn fähig macht, mit ihm in Verbindung zu stehen. In Gen 1 wird das als *Gottesebenbildlichkeit* dargestellt und Paulus drückt das so aus: „So bezeugt der Geist (Gottes) selber unserem Geist, dass wir Kinder Gottes sind“ (Röm 8,16).

Der Mensch

Gen 2,7 ist ein Gleichnis mit einer klaren Botschaft: Der Mensch ist durch die Hände Gottes, die ihn formten, zu dem geworden, was er ist; und seinen Geist und damit die Beziehungsfähigkeit zu seinem Schöpfer verdankt er Gottes Atem. Gen 1 zeigt die Aufgabe des Menschen: Er soll Verantwortung für die Schöpfung übernehmen. Gen 2 beschreibt in Bildern, dass Gott dem Menschen dafür auch die Fähigkeit gegeben hat – allerdings nur in der Nähe zu seinem Schöpfer und im absoluten Vertrauen zu ihm. Im Gegensatz zu Gen 1 wird hier eine andere Seite des Schöpfers beschrieben: nicht der Stratege, der die Entstehung des Universums und des Lebens auf der Erde in Gang setzt, sondern der verantwortungsvolle Vater, der sein Kind umsorgt, nachdem er ihm das Leben geschenkt hat, und der alles dafür tut, ihm einen auskömmlichen und angenehmen Lebensraum zu schaffen.

Der Anfang ist auch hier wie in Gen 1 ziemlich chaotisch, allerdings nicht global geschildert, sondern nur im vertrauten Rahmen des orientalischen Ackerbauern und Viehzüchters. Der Erdboden ist da, aber der Regen fehlt; es gibt keine Sträucher, die Schatten spenden; nur das Grundwasser speist die Hoffnung, das alles entstehen wird, was das Leben braucht. Und das, was fehlt, wird in der Reihenfolge, wie es der Mensch benötigt, geschaffen – zunächst wohl der Regen, auch wenn er nicht genannt wird, dann die Pflanzen, später die Tiere und zum Schluss der paradiesische Garten, in dem es alles gibt, was die Menschen brauchen. Hier wird zunächst auch ein anderer Mensch gezeigt: nicht der Verantwortungsträger, der den Herrschaftsauftrag Gottes übernehmen kann, sondern das Kind, das vom Vater abhängig ist, weil es nicht weiß, was gut und böse ist.

Adam, der „Erdling“, ist bis zur Erschaffung der Frau keine geschlechtsspezifische Person, also kein Mann – und bis dahin ist Adam auch kein Eigenname. *Adam* heißt eigentlich *Menschheit* und als Einzelperson ist *adam* das *Wesen Mensch.* Weil die Menschheit aus Einzelpersonen besteht, ist der Mensch im bildhaft-übertragenen Sinne von Gottes eigenen Händen gestaltet: eine unverwechselbare Person, von seinen mit dem Segen der Vermehrung bedachten Eltern, die ihn gezeugt und geboren haben. Er ist beides, zur Beziehung mit Gott gedacht und mit der Gabe der Selbststeuerung ausgestattet. Der Mensch ist auf der einen, der biologischen Ebene, ein Wesen, das seinen Platz im Entwicklungsstrom der Evolution hat, und doch ist er nur durch einen speziellen Schöpfungsakt zu dem geworden, was ihn von allen anderen Lebewesen auf der Erde unterscheidet. Das ist die Botschaft des Bildes von der Einhauchung des Gottesatems in das biologische *Wesen Mensch, das* aus Erde, also den Elementen der Natur stammt.

Der Garten Eden
(Gen 2,8-15)

Nun braucht *adam,* das gerade zum Leben gebrachte *Wesen Mensch,* einen Lebensraum, der ihm Schutz und Nahrung gewährt. Deshalb pflanzt Gott einen Garten mit Bäumen, deren Früchte offensichtlich die Hauptnahrung des Menschen darstellen sollen. *Eden* („Wonne“) ist der Name einer Gegend irgendwo im Zweistromland (Gen 4,16) und der Garten wird wie eine Oase beschrieben, die in einer Steppenlandschaft liegt. Über das Leben im Garten wird nicht viel gesagt, aber er ist wohl als eine Art Prototyp der Schöpfung gedacht, mit den Pflanzen und Bäumen einer Oase und einer Tierwelt, die sicher nicht nur aus der Schlange besteht. Und dieser Prototyp der Schöpfung scheint in einem Urzustand des Friedens zu leben – ohne Feindschaft zwischen Tieren und Menschen, ohne Raubtiere, eben so, wie es in Gen 1 als Verteilung der Nahrung zwischen Mensch und Tier beschrieben wird. Im Garten Eden herrscht also der *schalom,* das ungetrübte Glück einer Lebensgemeinschaft, in der jeder das hat, was er braucht.

Beim Lesen des Textes erhält man zunächst den Eindruck, Eden sei ein auffindbarer Ort, denn unser Text enthält geografische Angaben über ihn. Es ist die Rede von vier Flüssen, die alle von einer Quelle ausgehen und den Garten bewässern. Zwei Flüsse sind uns bekannt, Euphrat und Tigris, die im heutigen Irak liegen und in der Bibel an verschiedenen Stellen erwähnt werden. Aber im Gegensatz zur biblischen

Beschreibung haben sie keinen gemeinsamen Ursprung und haben ihn nie gehabt – und das war auch in der Antike bekannt. Der Fluss Pischon verweist auf Arabien und Gihon auf Afrika. Der gemeinsame Ursprung der vier Flüsse ist also ebenfalls ein Bild für eine übertragene Aussage: Die Quelle im Garten Eden bewässert die ganze Erde und der Garten Eden steht für den Ursprung eines für die ganze Schöpfung gedachten Schaloms – eines Lebensraumes für alle Geschöpfe, der Leben, Frieden und Glück verspricht.

Weil *Eden* nicht nur eine Gegend meint, sondern „Wonne" heißt, wird dadurch gesagt, dass wir uns in Gottes Schöpfung wohlfühlen sollen. Die griechische Fassung des Alten Testaments übersetzt Garten mit *paradeisos,* einem ursprünglich persischen Wort, das *Lustgarten* bedeutet. Gott will, dass unser Leben Freude und Wonne kennt, und obwohl wir „außerhalb des Paradieses" leben, haben die Propheten immer wieder das Bild des Gartens Eden angesprochen, um auszudrücken, wie das Lebensgefühl in Gottes Schöpfung eigentlich aussehen soll: „Seine Wüste macht er wie Eden, seine Öde wie den Garten des Herrn. Freude und Fröhlichkeit findet man dort, Lobpreis und Klang von Liedern" (Jes 51,3). Deshalb könnten wir ein bekanntes Psalmwort ein wenig verfremden und sagen: „Die Erde ist der *Garten* des Herrn" (nach Ps 24,1). Denn wir stehen in der Gefahr, die Erzählung in Gen 2–3 immer nur unter dem Aspekt der Verfehlung des Menschen zu sehen. Gerade hier aber finden wir einen biblischen Ansatz für den „Traum von einer besseren Welt" mit der Verheißung, dass Gott mit uns gemeinsam immer wieder einen Schritt auf diesen Traum zugehen will.

Allerdings wird der Garten Eden nicht als Schlaraffenland beschrieben, denn der Mensch soll ihn „bebauen und bewahren". Das deutet an, dass er sich wohl nicht nur von den köstlichen Früchten ernähren sollte, die ihm sozusagen in den Schoß fielen. Was damit im Einzelnen gemeint ist, sagt der Text nicht, sodass wohl eher an eine grundsätzliche Aussage gedacht ist. Entgegen einer Sicht, welche die Entwicklung der Menschheit als ständigen Fortschritt sieht, wird hier einer Balance das Wort geredet: *bebauen und bewahren.* Die Schöpfung braucht *Nachhaltigkeit,* würden wir heute sagen, und deshalb ist die Sicht von Gen 2 auf die Grundlagen unseres Umgangs mit der Natur gerade heute von höchster Aktualität.

Der verbotene Baum
(Gen 2,16-17)

Seit jeher steht die Auslegung von Gen 2–3 schwerpunktmäßig unter dem Vorzeichen des *Verbots* (durch den Baum der Erkenntnis) und der *Übertretung* dieses Verbots. Dabei wird leicht übersehen, dass der Abschnitt über den Baum der Erkenntnis mit „Von allen Bäumen des Gartens darfst du essen" eingeleitet wird. Dazu sagt Gerhard von Rad: „Gott beginnt mit einer großen Freigabe, die wieder den Reichtum seiner väterlichen Fürsorge erkennen lässt, zugleich aber auch die Größe des Bereiches zeigt, in dem sich der Mensch ganz frei und unversucht, von keinem Verbot beschränkt, bewegen konnte."[67]

Die *große Freigabe,* aber nicht ohne Grenzen – das ist die Beschreibung des Gartens Eden. Diese Grenze der Freiheit gibt es in Gestalt des *Baumes der Erkenntnis von Gut und Böse,* der in der Mitte des Gartens steht. Unklar bleibt zunächst, ob es sich um einen oder um zwei Bäume handelt, die in der Mitte des Gartens stehen. In unserem Abschnitt ist zunächst von zwei Bäumen die Rede, von einem Verbot, vom *Baum des Lebens* zu essen, wird hier aber nichts gesagt. Erst am Ende von Gen 3 erscheint der Baum des Lebens erneut und seine Existenz gibt den Ausschlag zur Vertreibung aus dem Paradies.

Je mehr Erklärungsversuche es zur Existenz der beiden Bäume gibt, desto deutlicher wird, dass diese Frage offensichtlich nicht zu entscheiden ist – wie so oft in gleichnishaften Texten, die sich auf eine einzige Aussage konzentrieren.[68] Der Erzähler hat wohl einfach immer dann, wenn es vom Zusammenhang her erforderlich war, die Bäume eingeführt – erst den Baum der Erkenntnis und später den Baum des Lebens. Und wenn wir unseren Text als eine Art Gleichnis ansehen, dann ist die „logische" Entfaltung der Erzählung auch kein Aspekt, der uns bei der Exegese verwirren muss.

Eine andere Frage ist wichtiger: Warum gibt es angesichts der großen Freiheit des Menschen im Garten Eden überhaupt die Grenze, die mit dem Baum der Erkenntnis deutlich wird? Eine wirkliche Antwort auf diese Frage können wir nicht geben, weil sie auch der Text nicht gibt. Der Mensch im Garten Eden hat das Verbot zunächst als ganz selbstverständlichen Teil der Fürsorge Gottes akzeptiert. Denn die Diskus-

67 VON RAD, 64.
68 SCHÜLE, 62–64.

sion darüber beginnt erst damit, dass die Schlange seinen Sinn und seine Ernsthaftigkeit bezweifelt. Es gehört zum Menschsein, und es gehört zur Schöpfung, dass es Grenzen gibt, sagt uns der Text. Und solange das Vertrauen zu Gottes Handeln nicht unterminiert war, konnte der Mensch gut mit dem Verbot leben: Es gab ja genug Bäume und genug köstliche Früchte.

Es drängt sich aber noch eine ganz andere Frage auf: Der Mensch im Garten Eden brauchte offensichtlich die Fürsorge Gottes, weil er nicht in der Lage war, völlig selbstbestimmt zu leben. Denn er konnte Gut und Böse nicht unterscheiden. Nach der Übertretung des göttlichen Gebots konnte er Gut und Böse unterscheiden, und das Erste, was er wahrnahm, war sein Fehler, dem Bösen gefolgt zu sein. Nach seiner Vertreibung aus dem Garten musste er selbstbestimmt leben, auch wenn das mit großer Mühe verbunden war und mit einem begrenzten Leben, das mit dem Tod endete. Aber war das nicht eine notwendige Entwicklung? Auf der einen Seite schon, denn Gott hatte den Menschen ja nicht mit Intelligenz und Selbst-Bewusstsein ausgestattet, um ihn danach kindlich-unselbstständig zu lassen. Auf der anderen Seite war es sicher nicht der Wille Gottes, dass das Ziel, selbstbestimmt leben zu können, auf diese Weise, also durch den Ungehorsam gegenüber Gott erreicht wurde.

Natürlich geraten wir jetzt in den Bereich der Spekulation, allerdings mit einer Frage, die so wichtig ist, dass wir wenigstens den Versuch einer irgendwie gearteten Antwort wagen sollten. Denn wir stehen immer noch vor dem Problem, Gut und Böse zu unterscheiden, und dies wird bleiben, solange Menschen selbstbestimmt zu leben haben. Ich vermute, dass der Mensch durch den *Baum der Erkenntnis* vor eine Alternative gestellt werden sollte: Er konnte seine ihm von Gott geschenkten Möglichkeiten im Vertrauen zu seinem Schöpfer und im Rahmen der göttlichen Gebote entfalten – oder er konnte versuchen, dies in der Abwendung von Gott und im Übertreten der Gebote zu tun. Der Mensch hat sich verführen lassen, das Gebot Gottes nicht ernst zu nehmen und damit einen Weg eingeschlagen, der zur Mühsal des Lebens außerhalb des Paradieses geführt hat. Und weil wir nur diesen Weg kennen, können wir nur allgemein sagen, wie ein anderer Weg hätte aussehen sollen – ein Weg zur Reife des Menschen „unter den Augen Gottes" und nicht im Ungehorsam gegen ihn.

Was bedeutet eigentlich die Fähigkeit, zwischen Gut und Böse zu unterscheiden? *Gut* und *böse* bezeichnet im Hebräischen keine moralischen Kategorien, sondern das Wissen um die Folgen eines bestimmten Tuns, oder, wie wir heute sagen würden, die Fähigkeit, die Folgen des eigenen Tuns zu reflektieren. Was nützt oder schadet dem eigenen Leben und dem der Menschen, für die ich Verantwortung habe? Nun war der Weg des Menschen zur Reife und Entscheidungsfähigkeit in der Abwendung von Gott geschehen. Und so musste Gott andere Wege finden, um dem Menschen zu helfen, außerhalb des Paradieses zu überleben. Das ist zunächst durch die Gebote der Tora geschehen, die eine Art Leitfaden für dieses Leben darstellen. Und auch als das weitgehend misslungen war, schaffte Gott durch den Tod seines Sohnes am Kreuz eine Möglichkeit zur Versöhnung mit Gott, durch die der Bruch zwischen Gott und Mensch korrigiert werden konnte.

So ist Gott am Beginn der Schöpfung der besorgte Vater, der den Garten pflanzt und umfriedet und sich um die Einsamkeit des Menschen sorgt. Dann schafft er durch den Baum der Erkenntnis die Chance, dass sich der Mensch für das Vertrauen zu ihm entscheidet. Als das misslingt, ist er der Helfer, der dem Menschen zeigt, wie man außerhalb des Paradieses überleben kann. Woher das Böse kommt, erklärt der Text nicht. Und da es an keiner Stelle im Zusammenhang mit der Schöpfung erklärt wird, müssen wir es wohl hinnehmen, dass wir zwar um die Realität des Bösen wissen, über seinen Ursprung aber nur spekulieren können.

Der Mensch und die Tiere
(Gen 2,18-20)

Nun wendet sich Gott wieder ganz der Fürsorge für den Menschen zu. Das Alleinsein des Menschen ist nicht gut, und es wird auch gesagt, warum. Allein ist der Mensch dem Leben nicht gewachsen, und so braucht das *Wesen Mensch* „eine Hilfe, die ihm entspricht", genauer gesagt, „als sein Gegenüber". Es ist also nicht an eine „Gehilfin" gedacht, so sehr diese Formulierung jahrhundertelang die Auslegung dieses Verses bestimmt hat. Das Wort *ezär* meint einen Beistand oder Helfer im umfassenden Sinn und wird im Alten Testament überwiegend für Gott gebraucht: „Unsere Seele hofft auf den Herrn; er ist für uns Schild und *Hilfe*" (Ps 33,20). Oder anders ausgedrückt: „Zwei sind besser als einer allein ... Denn wenn sie hinfallen, richtet einer den anderen auf" (Pred 4,9-10). Es bleibt also auch in Gen 2 bei der Gleichrangigkeit der

Geschlechter, und was hier beschrieben wird, können wir am besten mit unserem modernen Begriff *Partnerschaft* beschreiben.

Bei der Suche nach einer Hilfe kommen die Tiere ins Spiel. Wie den Menschen erschafft sie Gott mit seinen eigenen Händen, allerdings ohne ihnen den „Atem des Lebens“ einzuhauchen. Hier wird gleichzeitig der Rang und die Würde der Tiere betont und trotzdem der wesentliche Unterschied zum Menschen dargestellt. Dadurch, dass Gott die Tiere aus Erde formt, werden sie zu lebendigen Wesen, „jedes nach seiner Art“[69], wie Gen 1 sagt, der Mensch aber wird durch den Atem Gottes zu einem mit Geist begabten Wesen, das nach dem Bild Gottes gestaltet ist. Das Wesen des Menschen können wir am besten verstehen, wenn wir die Aussagen von Gen 1 und Gen 2 zusammensehen, die eher reale Sicht von Gen 1 und die eher bildhafte von Gen 2.

Es sieht zunächst eigenartig aus, dass Gott dem Menschen die Tiere zuführt, damit er prüfen kann, ob sich dabei die gesuchte „Hilfe“ findet. Denn Gott musste ja klar sein, dass die Suche erfolglos bleiben würde. Ich kann darin nur eine pädagogische Zielsetzung Gottes sehen: Der Mensch sollte selbst erkennen, dass er eine Gefährtin braucht, die auf seiner Ebene angesiedelt ist. Der Mensch begreift das auch und damit wird das Nichtfinden einer Hilfe aus der Tierwelt zu einem weiteren Argument für die Gleichrangigkeit von Mann und Frau. Weil die Hilfe nicht gefunden wird, begnügt sich der Mensch damit, den Tieren einen Namen zu geben. Denn damit wird der Status der Tiere eingeordnet. Sie stehen unter dem Menschen, besitzen aber ihre eigene Würde, denn Gott hat sie mit seinen eigenen Händen gestaltet.

Zweisamkeit
(Gen 2,21-25)

Jetzt ist es klar: Die notwendige „Hilfe“ kann das *Wesen Mensch* nur durch ein anderes *Wesen Mensch* erhalten. Und weil der bisher geschlechtsneutrale Mensch offensichtlich noch nicht zeugungsfähig war, muss Gott auch die „zweite Ausführung Mensch“ erschaffen. Er benutzt dabei das schon Geschaffene, entnimmt dem Menschen eine Rippe und „baut“ daraus eine Frau. Hier müssen wir genau hinschauen: Die

69 Wir haben schon darüber gesprochen, dass hier nicht *Artenkonstanz,* sondern *Artenvielfalt* gemeint ist.

Frau ist kein „Abklatsch“ des Mannes oder eine nachrangige Schöpfung, denn es wird ja nur das Baumaterial des Menschen verwendet und damit durch Gott eine zweite Art Mensch geschaffen. Indem Gott auch hier selbst Hand anlegt, macht er deutlich, dass die Erschaffung der Frau auf derselben Schöpfungsebene angesiedelt ist wie die erste Erschaffung des Menschen.

Als das *Wesen Mensch* die Frau sieht, begreift es plötzlich am Unterschied und an der Ähnlichkeit das eigene Geschlecht und das der Partnerin und bricht in Jubel aus:

> Das ist endlich Gebein von meinem Gebein
> und Fleisch von meinem Fleisch.
> *Ischah,* Frau, soll sie heißen,
> denn von *isch,* dem Mann, ist sie genommen.

Erst jetzt spricht *adam* vom Mann, denn er hat sich in seinem Geschlecht erkannt. Und das geschieht im Gegenüber zum anderen Geschlecht – ein Zeichen dafür, dass beide auf die Beziehung zueinander angelegt sind: der Mensch, in zwei Geschlechtern, die aufeinander bezogen sind, die einander Hilfe geben und – wie es Gen 1 sagt – denen der Segen der Vermehrung verheißen ist.

Der nun folgende Vers 24 zeigt die grundlegende Bestimmung von Mann und Frau. Er ist keine Erklärung für das Verhältnis des Menschenpaares im Garten Eden, sondern eine grundlegende Aussage als eine Art Kommentar, den der Autor oder der Redaktor des Textes hier einschiebt.

> Darum verlässt der Mann Vater und Mutter
> und bindet sich an seine Frau,
> und sie werden ein Fleisch.

Es ist interessant, dass diese Sicht von den gesellschaftlichen Gegebenheiten der damaligen Zeit völlig unabhängig ist, denn gegenüber dem Eherecht und der Stellung der Frau zur Entstehungszeit des Textes ist diese Aussage geradezu revolutionär.[70] Normalerweise wurde eine Ehe durch einen Vertrag zwischen den beteiligten Familien geschlossen und die Frau ging in der Familie des Mannes auf. Hier aber wird eine so

70 Vgl. Schüle, 70.

starke Kraft der Bindung beschrieben, dass der Mann seine Herkunftsfamilie verlässt, um in der Beziehung mit „seiner" Frau eine neue, unabhängige Lebensgemeinschaft zu bilden. Dass von „seiner" Frau gesprochen wird, zeigt die Einmaligkeit der Beziehung, die in den Worten Jesu über die Ehe unterstrichen wird (Mt 19,3-9). Es ist nicht irgendein Zusammenleben, sondern eine Beziehung, in der zusammengefügt ist, was zusammengehört. Damit wird zum Ausdruck gebracht, dass die Lebensgemeinschaft von Mann und Frau aus zwei Individuen eine neue Identität schafft: der Mann und *seine* Frau, die Frau und *ihr* Mann – also eine Beziehung auf Lebenszeit, die alle Alters- und Familienphasen umfasst. Die Liebe zwischen Mann und Frau ist demnach stärker als die familiären Bande zwischen Eltern und Kindern.

Die Verbindung von Mann und Frau wird in starken Worten dargestellt, denn die Grundbedeutung von *dabaq* heißt *zusammenkleben.* Weil Mann und Frau aus einem „Gebein" stammen, sollen sie zu „einem Fleisch" werden. Was bedeutet das? Gemeint ist zunächst die grundlegende Gemeinsamkeit zwischen den beiden Partnern, denn „ein Fleisch" kann auch die *Verwandtschaft* bezeichnen. Es geht also um die ganzheitliche Beziehung zwischen Mann und Frau, die „allumfassendste persönliche Gemeinschaft".[71] Sie kann nur in einer diesem Ziel entsprechenden Eigenständigkeit verwirklicht werden: im leiblichen, seelischen und wirtschaftlichen Miteinander. Eingefügt in diese umfassende Beziehung ist „ein Fleisch werden" auch eine Bezeichnung für die sexuelle Gemeinschaft von Mann und Frau. Dieser Beziehung ist dann auch der Segen der Vermehrung verheißen, und wie wir heute wissen, wird das „ein Fleisch sein" erst durch die Weitergabe der Elterngene an das gemeinsame Kind im vollen Sinne verwirklicht.

Der letzte Vers unseres Textes über die Nacktheit der Menschen führt uns noch einmal in die Bilderwelt der Erzählung vom Garten Eden zurück. Während die Aussage über die Ehe aus dem paradiesischen Leben hinausweist und damit ihre überzeitliche Bedeutung gewinnt, verdeutlicht die Nacktheit und das Fehlen der Scham noch einmal das unreflektierte, eher kindliche Leben im Garten Gottes. Kleidung hat immer die Bedeutung eines Schutzes, gegenüber den Gefährdungen der Natur und dem Verhalten von Menschen, welche die Würde des Individuums angreifen. Und hier wird mit dem Fehlen der Scham noch einmal der *schalom* im Zusammenleben Gottes mit seinen Geschöpfen beschwo-

71 Delitzsch, zit. nach Westermann, *Genesis 1–11*, 318.

ren, der sich auf die friedliche Gemeinschaft von Mann und Frau und Mensch und Tier auswirkt. Damit ist dann auch die Überleitung zum zweiten Teil der Erzählung vom Garten Eden gegeben, in der dieses Leben im Paradies zerbricht.

Kapitel 10

Die Verführung des Menschen

(Genesis 3)

Gen 3 bleibt bei derselben Erzählweise, die wir von Gen 2 kennen: Gleichnishaft werden grundlegende Fragen in eine Erzählung eingebracht, um sie *wesenhaft* deutlich zu machen. Auch hier müssen wir die Botschaft der Bilder verstehen lernen, um zu erkennen, was uns dieser Text über das Wesen der Schöpfung und den Menschen in ihr sagt. Es gibt allerdings bei Gen 3 ein besonderes Problem: Die Auslegungsgeschichte[72] dieses Textes hat sein Verständnis so stark bestimmt, dass es schwerfällt, sich auf das zu konzentrieren, was Gen 3 wirklich sagt. Denn unser Text spricht nicht von einem „Sündenfall" oder einem „Fall des Menschen", sondern erzählt davon, wie leicht sich der Mensch verführen lässt und welche Folgen es hat, wenn er den Geboten Gottes nicht vertraut.

Die große Streitfrage besteht darin, ob damit ein grundsätzliches *Vorher* und *Nachher* gemeint ist, im Sinne des „vor dem Fall" und „nach dem Fall". Zwei Beobachtungen sprechen dagegen, Gen 2–3 diese grundsätzliche Bedeutung zu geben. „Im Alten Testament hat der Text diese umfassende Bedeutung nicht. Er wird nirgends sonst im Alten Testament zitiert oder vorausgesetzt; er ist in seiner Bedeutung auf das Urgeschehen begrenzt. Dass der Mensch durch das hier Erzählte in einen status corruptionis abgesunken, dass er von da ab der ‚gefallene Mensch' sei, davon weiß das Alte Testament nichts."[73]

Paulus sagt in Röm 6,23: „Denn der Lohn der Sünde ist der Tod." Das ist oft so verstanden worden, als sei der Tod als Folge des Sündenfalls in die Welt gekommen. Das wird in Gen 3 aber ausgeschlossen, denn sonst könnte Gott nach der Verfehlung des Menschen nicht sagen: „Seht, der Mensch ist geworden wie wir, er erkennt Gut und Böse. Dass er jetzt nicht die Hand ausstreckt, auch vom Baum des Lebens nimmt, davon isst und ewig lebt!" (Gen 3,22). Es ist hier also vorausgesetzt, dass

---

72 Eine Einführung in die Auslegungsgeschichte der Schöpfungsgeschichte bieten *Westermann, Genesis 1–11,* 245–269 und Zenger u.a., *Einleitung in das Alte Testament,* 60–187.

73 Westermann, *Schöpfung,* 127.

es den Tod schon vor der Verführung des Menschen gab. So weit unser Text ein *Vorher* und ein *Nachher* meint, bezieht sich das auf den Unterschied zwischen einer ungestörten und einer gestörten Gottesbeziehung.

Die christliche Auslegung von Gen 3 wird stark durch die Aussagen des Paulus im Römerbrief bestimmt: „Durch einen einzigen Menschen kam die Sünde in die Welt und durch die Sünde der Tod und auf diese Weise gelangte der Tod zu allen Menschen, weil alle sündigten" (Röm 5,12). Wenn Adam als *Prototyp* des Menschen gesehen wird und Paulus feststellt, dass alle Menschen sündigen, wird an der Erzählung von der Verführung deutlich, dass es ein unentrinnbares Schicksal des Menschen zu sein scheint, dass er den Geboten Gottes nicht vertraut, weil er seine Freiheit über den Gehorsam gegenüber Gott stellt. Deshalb heißt es im Römerbrief weiter: „Adam ist die Gestalt, die auf den Kommenden hinweist" (Röm 5,14). Paulus sieht also Adam als Repräsentanten einer erlösungsbedürftigen Menschheit und den durch Christus Erlösten als den neuen Menschen, der durch die Gnade Gottes gerecht gesprochen ist. Weil Gen 2–3 nicht historisch, sondern gleichnishaft angelegt ist, wird Röm 5 nicht verbogen, wenn man das Verhältnis „Adam – Christus" nicht historisch deutet, sondern als aussagestarkes Bild von der Rechtfertigung des Menschen durch das Kreuz Christi.

Die Wahrheit der Erlösungsbedürftigkeit des Menschen und der Erlösung durch Jesus Christus wird dadurch nicht angezweifelt.[74] Und Ulrich Wilckens sagt in diesem Zusammenhang:

> Nicht um das „Verhängnis", das Adams Tat über seine „Kinder" ohne deren Zutun gebracht habe, geht es, sondern darum, dass eine universale „Solidarität" alles Sündigens besteht, durch die faktisch vom Anfang der Geschichte an alle Menschen immer schon betroffen sind, so dass Sünde und Tod über sie *herrschen*.[75]

Allerdings ist hier anzumerken, dass das Verhältnis von Gen 3 und Röm 5 so kompliziert ist und so viele Auslegungen gefunden hat, dass die Problematik hier nur angedeutet werden kann.

Beide Kapitel, Gen 2 wie Gen 3, sind ein Kommentar zu Gottes Schöpfung, der das Ziel hat, die Realität der Welt und des Lebens zu verstehen. Dabei geht es nicht um einzelne, zweitrangige Fragen, etwa

---

74 Vgl. Klaiber, 75–83.

75 Wilkens, *Der Brief an die Römer, I,* 321.

warum es Feindschaft zwischen Mensch und Tier, Schmerzen bei der Geburt oder Mühsal bei der Arbeit gibt, sondern um die Grundfragen nach der Bestimmung des Menschen, seiner Freiheit und seiner Bindung an den Schöpfer. Gen 2 beschreibt dabei, wie es sein *soll,* Gen 3, wie es *ist.* Die Handelnden in der Erzählung sind *idealtypisch* gemeint, wie in jedem Gleichnis. Die Schlange steht dabei für das Wesen der Verführung, Mann und Frau für die Verführbarkeit des Menschen. Offen bleibt in unserem Text die Frage, woher das Böse kommt. Es wird nur klar, dass es sich gegen Gott und seine Schöpfung wendet – und damit auch gegen den Menschen.

Die Verführung
(Gen 3,1-17)

Dieser Text ist eine anschauliche Beschreibung der Stufen einer klassischen Verführung. Dabei ist die Geschichte so direkt erzählt, dass man spürt, dass der Text nicht nur erklären will, warum das Paradies verloren ging, sondern auch eine Hilfe anbietet, um Verführungen zu erkennen und ihnen zu widerstehen.

1. Die Hinterlist

Die Schlange wird als „Tier des Feldes" bezeichnet, ist also ein Geschöpf Gottes, und damit kein Symbol für den Satan, sondern ein Symbol für das Wesen der Verführung. Dazu passen ihre Eigenschaften: Sie kann sich gut tarnen, schleicht sich heimlich an und ist besonders „klug". Und diese Klugheit verführt sie, *hinterlistig* oder *raffiniert* zu handeln, denn genau das schwingt bei dem hebräischen Wort für *Klugheit* mit. Die Schlange erkennt die Schwachstellen ihres Gegenübers und kann deshalb den Menschen dazu bringen, seine Einstellung zu den Geboten Gottes zu verändern. Dass die Schlange sprechen kann, erstaunt in einem gleichnishaften Text nicht. Und so erinnert die ganze Erzählung ein wenig an die auch in unserem Kulturkreis bekannten *Tierfabeln,* die Lebensweisheiten vermitteln, indem sie Tiere leben und sprechen lassen wie Menschen.

2. Die Infragestellung

Die Hinterlist der Schlange zeigt sich darin, dass sie nicht nur eine Frage stellt, sondern gleich noch eine falsche Behauptung nachschiebt: „Hat Gott[76] wirklich gesagt, dass ihr von keinem Baum des Gartens essen sollt?" Bei einer Frage ist man noch relativ vorsichtig, denn das Gespräch bewegt sich im sachlichen Rahmen. Anders ist es bei einer falschen Behauptung: Jeder, der Bescheid weiß, wird versuchen, sie richtigzustellen. Und damit ändert sich das Verhältnis der Gesprächspartner zueinander: Die Frau sieht in der Schlange ein schlecht informiertes Wesen, dem sie helfen will, die Wirklichkeit zu erkennen, sich selbst aber sieht sie als die Überlegene an, weil sie in der Lage ist, die falsche Behauptung richtigzustellen. Es ist wie bei einem Zaubertrick: Alle werden verführt, in die falsche Richtung zu schauen und sich ablenken zu lassen, damit man nicht bemerkt, was sich wirklich abspielt.

3. Die Meinungsführerschaft

Jetzt wird die Schlange auf einmal konkret, denn die Frau ist arglos geworden, sodass die Schlange eine Behauptung aufstellen kann, welche die Frau nicht mehr hinterfragt: „Nein, ihr werdet nicht sterben." Der Fortgang der Erzählung macht deutlich, dass die Frau ihren kritischen Abstand von der Schlange verloren hat. Man kann fast den Eindruck gewinnen, dass sie beide zu Partnerinnen geworden sind, die miteinander versuchen, die Wahrheit zu ergründen. Das Gebot Gottes ist völlig in den Hintergrund getreten, und indem das Thema „versachlicht" wird, geht es plötzlich nur noch um *richtig* oder *falsch*, und nicht mehr um *gehorsam* oder *ungehorsam*.

4. Die Herabwürdigung Gottes

Nun kann die Schlange zum Kern der Verführung ansetzen, denn sie unterstellt Gott, dass es ihm nicht um die Lebensqualität des Menschen geht, sondern um einen Konkurrenzkampf, bei dem Gott die Menschen

76 Es ist beachtenswert, dass die Schlange hier nur von *elohim* im Sinne eines allgemeinen Gottesnamens spricht, den Gottesnamen *jahwe* aber nicht auszusprechen wagt.

kleinhalten will: „Gott weiß vielmehr: Sobald ihr davon esst, gehen euch die Augen auf …" Im Grunde sagt die Schlange: Gott will euch die Erkenntnis von Gut und Böse nicht gönnen. Auf einmal geht es nicht mehr um die Frage, ob man das Gebot Gottes ernst nehmen soll oder nicht, sondern darum, ob man um der eigenen Entwicklung zu Selbstständigkeit und Reife willen das Gebot Gottes übertreten *muss*. Das ist eine Verführung, die es bis heute gibt: Nur der Mensch, der sich von Gott trennt, könne zur vollen Selbstständigkeit kommen. In dem Augenblick, in dem der Mensch die Leugnung der Göttlichkeit Gottes akzeptiert und in ihm nur noch einen kleinkrämerischen Geist sieht, der ihm nichts gönnt, hat die Schlange gewonnen.

5. Die Verführung

Den Durchbruch in der Verführung erreicht die Schlange aber erst, als sie die Begehrlichkeit der Frau wecken kann. Sie macht ein Angebot, das alle Ebenen des Lebens umfasst und sich auf Dinge konzentriert, die eigentlich positiv sind. Warum sollte das Leben nicht angenehm und gleichzeitig entwicklungsfähig sein? Das Angebot, vom verbotenen Baum zu essen, richtet sich zunächst auf die *physische* Ebene, denn es regt den Appetit an („dass es köstlich wäre, vom Baum zu essen"). Als Nächstes erreicht das Angebot die psychische Ebene, denn es spricht die Ästhetik an („dass der Baum eine Augenweide war"). Und schließlich erreicht das Angebot die *intellektuelle* Ebene („und dazu verlockte, klug zu werden"). Jetzt erscheint die Frau als *Idealtypus* des strebsamen Menschen. Warum keine köstlichen Früchte? Warum keine Schönheit? Warum keine Klugheit? Das Gebot Gottes ist völlig vergessen, und damit sind alle Widerstände überwunden: Die Frau ist nun bereit, von dem verbotenen Baum zu essen.

6. Die Weitergabe

Die Frau ist von der Schlange angesprochen worden, weil sie als die Verführbarere eingeschätzt wird – aber nicht wegen Schwäche oder mangelnder Bildung, sondern (gerade umgekehrt) wegen ihres Interesses an den wertvollen Dingen des Lebens: Geschmack, Schönheit und Klugheit. Die Bibel wendet sich nirgends grundsätzlich gegen diese Dinge, sondern nur dagegen, dass sie als letzte Werte angesehen werden und damit über den Geboten Gottes stehen. Die Frau ist also gefährdet und erliegt dieser Gefährdung auch. Der Mann ist allerdings ebenso gefährdet, wenn auch aus einem eher entgegengesetzten Grund: Er ist völlig passiv und hat an den aufgeworfenen Fragen kein Interesse, obwohl er bei dem Dialog zwischen der Schlange und seiner Frau anwesend ist. Er ist einfach „bei ihr" und lässt sich bedienen, ohne nachzufragen. Damit kann er sich allerdings bei Gott nicht aus der Verantwortung stehlen, denn Gott weist beiden die volle Verantwortung zu.

7. Der Paradigmenwechsel

Die Folge der Übertretung des göttlichen Gebots ist ein totaler Paradigmenwechsel. Alles ist auf einmal anders, die Sicht auf die Welt wie die Sicht auf sich selbst: „Da wurden ihnen die Augen aufgetan." Aus dem Vertrauensverhältnis zu Gott und der selbstverständlichen Beziehung zu ihm wird die Angst, die sie ins Versteck treibt. Aus dem *schalom,* dem Leben im Frieden mit der ganzen Schöpfung, wird die Erkenntnis, dass sie nackt und schutzlos sind. Aus der Harmonie zwischen Mann und Frau wird ein gegenseitiger Abstand. Und dieser Paradigmenwechsel geschieht nicht in einer langsamen Entwicklung, sondern radikal und unvorbereitet. Und so können sich die Menschen, obwohl sie ihre Gefährdung erkennen, nur mit untauglichen Mitteln schützen.

Gen 3 gibt für dieses tief greifende Ereignis keine grundlegende Deutung, sondern erzählt nur in bildhafter Weise, wie aus dem *schalom* des Menschen als Teil der Schöpfung eine Transformation in ein mühsames, zeitlich begrenztes und gefährdetes Leben wird. Aber genau hier setzen die Fragen ein, die der Mensch immer wieder gestellt hat, ohne dass sie durch den Text wirklich beantwortet werden können. Würden wir noch wie Kinder im Paradies leben wollen, ohne Erkenntnis von Gut und Böse und ohne die Möglichkeit von Freiheit und Selbstverantwortung? Und wie passte das – um mit Gen 1 zu sprechen – zur *Gottesebenbildlichkeit* des Menschen? Wir sehen heute, aus unserer von Christentum und Aufklärung geprägten Sicht, eine Notwendigkeit für den Menschen, sich zur Reife und Selbstverantwortung zu entwickeln – und die vielen Texte im Alten wie im Neuen Testament, die an die Verantwortung des Menschen appellieren, sprechen ebenfalls dafür. Aber konnte Gott nicht einen anderen Weg finden als diesen, den die Theologie seit Langem als den „Fall des Menschen" beschrieben hat?

Unser Text sagt dazu: Diesen Weg hat nicht Gott gefunden, sondern diesen Weg hat sich der Mensch gesucht. Der Text bietet sonst keine Erklärung an, und so müssen wir versuchen, „zwischen den Zeilen zu lesen", auch wenn das Ergebnis notwendigerweise spekulativ bleibt. Ich kann mir nicht vorstellen, dass der Weg über die *Verfehlung des Menschen* der von Gott gedachte Weg zur Reife des Menschen gewesen ist. Aber vielleicht hat der Mensch vorschnell vorweggenommen, was Gott auf einem ganz anderen Weg erreichen wollte. Vielleicht ist die Plötzlichkeit, mit der die Erkenntnis von Gut und Böse in das Leben des Menschen einbrach, das Hauptproblem gewesen. Denn jedes Kind macht eine Entwicklung von einer naiven zu einer auf Reflektion beruhenden Weltsicht durch. Und trotz der Langsamkeit dieses Vorgangs und der Hilfe der Eltern und anderer Autoritäten ist dieser Weg gefährlich genug. Wir können uns also gut vorstellen, in welche Verwirrung die beiden Menschen im Garten Eden gestürzt worden sind.

Die Verführung hat den Menschen dazu gebracht, sich zur Unzeit etwas zu nehmen, was Gott ihm auf einem anderen Weg vermitteln wollte – so, dass er den *schalom* mit der ganzen Schöpfung nicht verloren hätte. Aber auch hier zeigt der Gesamtzusammenhang der biblischen Botschaft verschiedene Ansätze, dieses *Trauma* zu überwinden, nicht absolut, denn das wird erst in der neuen Welt Gottes so sein, aber doch so, dass das Leben in den neuen Grenzen wieder lebenswert wird. Solche Ansätze sind etwa die Zehn Gebote, die Worte der Propheten, die Erlösungstat Christi, das Wirken des Heiligen Geistes und die Verheißung, dass sich am Ende der Zeiten ein neuer Himmel und eine neue Erde so verbinden, dass Gott bei den Menschen wohnen kann. Und diese Verheißung aus Offb 21 ist der Wiedereintritt in das Paradies und eine Erneuerung von Gottes *schalom* über der ganzen Schöpfung.

„Adam, wo bist du?"
(Gen 3,8-11)

Die folgende Szene zeigt, wie differenziert Gott auf die neue Realität reagiert. Sie ist für mich ein Musterbeispiel, wie man mit einer traumatischen Situation umgehen sollte. Denn die beiden Menschen sind völlig desorientiert, sie schämen sich ihrer Nacktheit, wissen aber nicht, warum, und haben sich in einer panischen Reaktion aus Blättern einen primitiven Schurz geflochten. Denn sie verstehen ja nicht, was mit ihnen geschehen ist. Gott hätte sie mit Vorwürfen überschütten oder in die Enge treiben können, und dann wäre wohl noch mehr zerstört worden. Aber es geschieht nichts dergleichen, sondern nur eine vorsichtige, schonende Annäherung an die neue Realität, denn Gott möchte die Menschen ja wieder aus dem traumatisierenden Schock herausführen.

Als Gott in den Garten kommt, geht er so umher, dass man ihn hören kann – beim „Tagwind“, der den Schall bis zu den desorientierten Menschen trägt. So kündigt Gott sein Kommen an und die Menschen können sich darauf einstellen. Ihre Reaktion ist nicht sehr hilfreich, aber verständlich: Sie verstecken sich. Es ist wie die Reaktion eines kleinen Kindes, das meint, es werde nicht gesehen, weil es sich die Augen zuhält. Trotzdem wissen die Menschen jetzt, dass sie in wenigen Augenblicken Gott begegnen werden.

Wieder ist die Reaktion Gottes sehr einfühlsam. Er sucht nicht nach ihnen, denn dann hätte es vielleicht zu einem hektischen Versteckspiel kommen können, sondern er ruft: „Adam, wo bist du?“ Er zeigt den Menschen nicht seine in dieser Situation erschreckende Allwissenheit, sondern er bittet sie, sich zu zeigen. So können die Menschen selbst aus ihrem Versteck heraustreten – ein kleines Stück Menschenwürde, das ihnen noch geblieben ist. Adam versucht sofort, sich vor Gott zu erklären: „Ich habe dich im Garten kommen hören, da geriet ich in Furcht, weil ich nackt bin, und versteckte mich.“ Das zeigt, dass er spürt, dass sich seine Beziehung zu seinem Schöpfer gewandelt hat. Sie ist nicht mehr vom *schalom* geprägt, sondern von Scham und Angst.

Hier zeigt sich das erste Anzeichen für die Wirkung, die das Erkennen von Gut und Böse auslöst. Denn zum ersten Mal sucht der Mensch eine Begründung für sein Handeln und findet sie in einer Selbstreflektion: „Ich geriet in Furcht, weil ich nackt bin.“ Gott hätte ihm jetzt vorhalten können: „Natürlich, du hast ja von der verbotenen Frucht gegessen.“ Aber wieder sucht er den einfühlsameren Weg: „Wer hat dir gesagt, dass du nackt bist? Hast du von dem verbotenen Baum gegessen?“ Statt ihn barsch vor vollendete Tatsachen zu stellen, hilft er ihm, selbst den Weg nachzuzeichnen, den er gegangen ist. Hier aber reißt das Gespräch ab. Denn es gibt bei Adam kein Schweigen, kein Nachdenken, kein Insichgehen, sondern nur eine trotzige Reaktion, in der er nicht nur seine Frau, sondern auch Gott beschuldigt. Wäre die Sache anders ausgegangen, wenn Adam Reue gezeigt hätte? Inhaltlich vermutlich nicht, denn mit Menschen, die Gottes Gebote nicht achten, ist die Schalom-Gemeinschaft im Garten Eden nicht möglich. Aber vielleicht hätte eine vertiefte

Einsicht in seine Schuld dem Menschen geholfen, die neue Lebenssituation besser zu bewältigen.

Die Folgen
(Gen 3,12-19)

Eigentlich hätte auf die Frage Gottes „Hast du etwa von dem verbotenen Baum gegessen?“ ein klares oder wenigstens ein klägliches „Ja“ kommen müssen. Stattdessen versuchen beide Menschen, die Schuld auf einen anderen zu schieben. Am weitesten geht dabei der Mann, der auch noch Gott mitbeschuldigt: „Die Frau, *die du mir beigesellt hast,* sie hat mir vom Baum gegeben.“ Gott geht auf die vorgebrachten Entschuldigungen nicht ein und macht alle gleichermaßen verantwortlich, denn jeder ist an der Übertretung von Gottes Gebot beteiligt. Das gilt auch für die Schlange, die nicht als Ausgangspunkt des Bösen gesehen wird, sondern als jemand, der sich in den Dienst des Bösen gestellt hat. Das Gespräch mit Gott ist mit der trotzigen und abwiegelnden Reaktion der drei Beteiligten beendet, und so kann Gott ihnen nur noch mitteilen, welche Folgen die Übertretung des Gebotes für jeden Einzelnen hat.

Die Aussagen, die Gott hier über die Schlange, die Frau und den Mann macht, werden häufig „Strafsprüche“ genannt. Aber in Wirklichkeit sind es keine Strafen, sondern sie „beschreiben nur die Wirklichkeit des von Gott getrennten Menschen“.[77] Denn ein Mensch, der seine von Gott gegebene Freiheit dazu benutzt, sich über die Gebote Gottes hinwegzusetzen, kann nicht mehr in der unmittelbaren und unbefangenen Gemeinschaft mit Gott leben. Und das gilt auch für die „Schalom-Gemeinschaft“ mit der ganzen Schöpfung, wie sie im Garten Eden gegeben war. Nicht Gott hat den Menschen aus dieser Gemeinschaft vertrieben, sondern der Mensch hat sich selbst „ausgewiesen“.

Es sind also keine „Strafsprüche“, die wir hier vorfinden, sondern Erklärungen Gottes, die dazu dienen sollen, dass der Mensch sein neues Leben, in das er sich quasi hineinkatapultiert hat, besser versteht. Ein Schuldspruch hätte vielleicht abgemildert werden können, die neue Realität aber nicht. Man muss allerdings hier zwischen der Beschreibung der Realität und der Verfluchung unterscheiden: Verflucht werden nur die Schlange und der Ackerboden, nicht aber die Menschen. Sie müs-

---

77 Westermann, *Schöpfung*, 140f.

sen lernen, mit der neuen Situation umzugehen. Aber selbst in dieser Beschreibung der Realität steckt noch ein Stück Verheißung. Das Leben wird mühselig werden, aber der Ackerboden und die Schöpfung insgesamt halten so viele Ressourcen bereit, dass der Mensch nicht untergehen wird. Und die Geburt von Kindern wird zwar mit Schmerzen verbunden sein, aber das neue Leben ist nicht unterbunden, und damit bleibt die Verheißung des Segens der Vermehrung erhalten.

Das neue Leben der Schlange

Bei dem, was Gott der Schlange sagt, handelt es sich um eine echte Strafe. Um den Menschen zu verführen, musste sie sich heimlich anschleichen und dabei auf dem Bauch kriechen. Nun soll sie immer so leben, wie sie sich bei der Verführung des Menschen verhalten hat. Und weil die Verführung durch die Schlange zur Folge hatte, dass die Menschen ihre paradiesische Umgebung verloren haben, wird Feindschaft zwischen der Schlange und dem Menschen herrschen. Das ist auch grundsätzlich zu verstehen: Die unbefangene Gemeinschaft zwischen Mensch und Tier ist zerbrochen und es wird an vielen Stellen Feindschaft herrschen. Tiere bedrängen den Menschen und der Mensch bedrängt Tiere. Es geht um „fressen und gefressen werden“, der Tiere untereinander und im Verhältnis zum Menschen. Und diese Feindschaft setzt sich fort bis zur modernen, industrialisierten Tierhaltung. Wir können die Botschaft dieses Bildes noch ein Stück ausweiten: Es geht nun ein Riss durch die Schöpfung – sie ist wie der Mensch vom Bösen bedrängt, wie es der Apostel Paulus ausdrückt: „Denn die ganze Schöpfung wartet auf das Offenbarwerden der Kinder Gottes“ (Röm 8,19). So wie sie Anteil an der Fehlbarkeit des Menschen hat, soll die Schöpfung auch an der Erneuerung durch den Geist Gottes teilhaben. Und damit ist der Strafspruch gegen die Schlange beides: das Aussprechen einer Strafe und die Erklärung einer neuen Realität.

Das neue Leben der Frau

Die Schmerzen bei der Geburt sind nicht nur ein einzelnes Phänomen, sondern ein tieferes Bild für die neue Situation. Das, was in der Beziehung zwischen Mann und Frau den Segen Gottes ausmacht, die Geburt von Kindern, gerät in die Schmerzen und die Mühsal des Lebens. Damit wird gesagt, dass außerhalb des Paradieses auch auf dem Segen Gottes ein Schatten liegt. Gott hat den Segen nicht zurückgezogen, weder für Mensch noch Tier, aber er ist in die Mühsal des Lebens einbezogen worden. Das gilt nicht nur für die Schmerzen bei der Geburt, sondern für die Gefährdung des Lebens überhaupt. Bis ein Kind zu einem selbstbestimmten Leben herangewachsen ist, muss es und mit ihm seine Eltern und seine Umgebung eine Vielzahl von Gefahren und Anfechtungen überwinden. Der Segen Gottes bleibt bestehen, aber auch das Gesegnete hat Anteil an der Mühsal des Lebens.

Das gilt auch für das Miteinander von Mann und Frau. Deshalb ist die Ehe, die in Gen 2 als das Fundament des menschlichen Lebens gepriesen wurde, ebenfalls in den Schatten der Verfehlung des Menschen geraten. Es gibt gegenseitige Abhängigkeiten, die besonders die Frau treffen, weil ihr Leben durch die Geburt und die Sorge für die Kinder in höherem Maße vom Mann abhängig ist als umgekehrt. Und die gegenseitige Abhängigkeit von Sehnsucht und Herrschaft ist eine besonders komplexe und tief greifende Form von Unfreiheit. Als grundsätzliches Rollenproblem für Männer und Frauen ist das heute teilweise überwunden, als persönliches Problem belastet es nach wie vor viele Partnerschaften. So steht das Miteinander von Mann und Frau immer noch – heute vielleicht noch stärker – unter dem Schatten des Misslingens.

Das neue Leben des Mannes

Die neue Mühsal des Mannes hängt am stärksten mit der Notwendigkeit zusammen, den Lebensunterhalt zu sichern. Dornen und Disteln – oder heute der Burn-out – sind nur verschiedene Formen der Überforderung, denn auch wenn heute die körperliche Arbeit erleichtert ist, bleibt für die meisten Menschen die Mühsal des Lebens erhalten. Und damals wie heute gibt es die ständige Gefahr des Scheiterns. Aber wie wir gleich in den nächsten Kapiteln des Buches Genesis lesen, motiviert die Mühsal des Lebens dazu, Erleichterungen zu erfinden, sei es Ackerbau zu betreiben, Tiere zu züchten, Werkzeuge zu schmieden oder Musik zu machen. Mühsal und Erfindungsgeist sind die beiden Komponenten, die das Leben des Menschen durch die Geschichte begleiten.

Im Zusammenhang mit der Mühsal des Lebens wird hier nun auch vom Tod gesprochen. Wir haben in Verbindung mit dem Baum des Lebens gesehen, dass das Leben im Garten Eden kein Leben ohne die Konsequenz des Todes gewesen ist. „Aus Staub genommen – zum Staub zurückkehren" ist also keine grundsätzliche Ankündigung des Todes, sondern eine Beschreibung der Vergänglichkeit des Menschen. Das hat neben der Härte, dass der Tod jedes Leben in dieser Schöpfung begrenzt, auch eine „zwischen den Zeilen" zu erkennende Verheißung: Die Mühsal des Lebens wird für kein Geschöpf Gottes unbegrenzt sein und das „zu Staub werden" ist kein absolutes Verschwinden, sondern ein Zurückkehren in die Schöpfung. Hier setzt die Verheißung des neuen Himmels und der neuen Erde des Propheten Jesaja ein – und mit ihm die neutestamentliche Verheißung des ewigen Lebens.

Überleben außerhalb des Paradieses *(Gen 3,20-21)*

Am Ende der Beschreibung einer eher mutlos machenden Situation aber steht ein Ausrufungszeichen ganz besonderer Art: „Adam nannte seine Frau Eva, *Leben*, denn sie wurde die Mutter aller Lebendigen." Das ist nicht aus Trotz gesagt, sondern ein Ausruf der Hoffnung, denn es wird damit begründet, dass der Segen Gottes nicht erloschen ist. Und das heißt: Das Leben ist nicht zu Ende, es ist nur anders und schwerer geworden. Es gilt, alle Kräfte zu bündeln, um das Leben außerhalb des Paradieses zu bewältigen. Den ersten Schritt dazu geht der Mensch selbst, denn die Namensgebung *Eva* ist in der Antike mehr als das, was wir heute mit einem Namen verbinden. *Eva* ist ein Programm: Der Segen der Vermehrung ist geblieben und die Mühsal des Lebens wollen wir annehmen. Die realistische Beschreibung Gottes, wie das Leben außerhalb des Paradieses aussehen wird, hat dem Menschen geholfen, die ersten verantwortungsvollen Schritte in sein neues Leben zu gehen.

Und Gott zieht seine Hilfe nicht zurück, er justiert sie nur neu. Während er bisher dem Menschen den Lebensraum des *schalom* als Garten Eden zur Verfügung gestellt hatte, damit der Mensch in der Einheit mit Gott und der Schöpfung leben konnte, muss der Mensch nun selbst lernen, sich so viel *schalom* zu erhalten wie möglich. Das wird am Beispiel der Kleidung deutlich gemacht. Weil Nacktheit und Scham die Gefährdung des Lebens zeigen, die es zu überwinden gilt, macht Gott den Menschen Kleider aus Fellen und zieht sie ihnen an. Das ist nicht nur ein Akt der Fürsorge, sondern auch eine pädagogische Maßnahme. Die

Menschen schauen Gott zu, wie er die Kleider macht und können dabei lernen, sie in Zukunft selbst herzustellen.

Damit macht der Text eine noch viel weitergehendere Aussage. Das können wir am Beispiel der Nacktheit und der Scham sehen: Die Scham gehört nun zum Leben, aber sie kann überwunden werden, indem man sich bekleidet. Gott zeigt den Menschen nicht nur, wie man Kleider macht, sondern er motiviert sie damit, sich der Unbill des Lebens entgegenzustellen. Diese Fürsorge Gottes für den Menschen in der Mühsal seines Lebens zeigt uns die Bibel an vielen Stellen: in den Zehn Geboten, in der Fürsorge Gottes für Israel bei seiner Wüstenwanderung, in dem Ringen der Propheten um Gerechtigkeit und schließlich im Erlösungswerk Jesu Christi. Und so sind die „Strafsprüche" keine absoluten Festlegungen, sondern Beschreibungen einer Realität der Mühsal des Lebens, die es – wo irgend möglich – mit Gottes Hilfe zu verändern gilt. Die Feindschaft zwischen Mensch und Tier kann an vielen Stellen überwunden werden, die Schmerzen der Geburt können gelindert und die Arbeit erleichtert werden und aus gegenseitiger Abhängigkeit von Mann und Frau kann Partnerschaft werden. Das Paradies können wir damit nicht zurückgewinnen, wohl aber ein Leben führen, das sich an den Prinzipien von Gottes Schöpfung orientiert.

Fassen wir zusammen: Die Schöpfung ist nicht gefallen, sondern durch den Menschen nur in Mitleidenschaft gezogen worden. Und weil der Mensch für die Schöpfung verantwortlich geblieben ist, soll jeder seiner Schritte, der die Mühsal des Lebens vermindern hilft, auch für die Schöpfung zum Segen werden.

Die Vertreibung aus dem Paradies
(Gen 3,22-24)

Es gehört zum einfühlsamen Umgang Gottes mit den Menschen, dass sie nun nicht *unvorbereitet*, sondern *vorbereitet* der neuen Welt außerhalb des Paradieses ausgesetzt werden. Sie haben neuen Mut gewonnen, dem Leben zu vertrauen und es so anzunehmen, wie es jetzt gegeben ist. Sie wissen, wo die Gefahren liegen und beginnen zu lernen, diesen Gefahren zu begegnen. Sie wissen Gott auf ihrer Seite, ihnen dabei zu helfen, obwohl sie die Vertreibung aus dem Paradies selbst zu verantworten haben. Und Gott begründet es auch, warum nun das Leben im Garten Eden nicht mehr möglich ist: „Seht, der Mensch ist geworden wie wir;

er erkennt Gut und Böse. Dass er jetzt nicht die Hand ausstreckt, auch vom Baum des Lebens nimmt, davon isst und ewig lebt!" Wie in Gen 1 kommt es hier ebenfalls zu einem Selbstgespräch Gottes. Denn er muss sich durchringen, diese radikale Konsequenz zu ziehen, aber nachdem er sich mit sich selbst beraten hat, sieht er keine andere Möglichkeit. Denn das Leben, wie es sich jetzt darstellt, kann nicht ohne den Tod sein. In der Natur des Planeten Erde ist der Tod „lebensnotwendig", weil ohne ihn der Kreislauf des Lebens unterbrochen würde. Und das würde über kurz oder lang den „Tod des gesamten Lebens" zur Folge haben.

Was die Exegese immer wieder beschäftigt hat, ist die Frage, warum zunächst beide Bäume, der *Baum der Erkenntnis* und der *Baum des Lebens,* erwähnt werden, aber nur das Essen vom Baum der Erkenntnis verboten wird. Wie kann dann die Gefahr, vom Baum des Lebens zu essen, zu einer so weitreichenden Folge wie der Vertreibung aus dem Paradies werden? Vermutlich wurden die Bäume in unserer Erzählung immer nur dann erwähnt, wenn sie einen Einfluss auf den Fortgang der Geschichte hatten – eine literarische Form, die in der Antike nicht unüblich ist. Unser modernes Kausalitätsprinzip dürfen wir auf diesen oder ähnliche Texte nicht anwenden. Es soll am Ende betont werden, dass der Mensch durch seinen ungezügelten Freiheitsdrang für Gott zu einem „Sicherheitsrisiko" geworden ist, welches das Leben im Garten Eden nicht mehr zulässt. Diesen Aspekt können wir heute gut verstehen, in einer Zeit, in welcher der Mensch zum größten Risiko für die Schöpfung überhaupt geworden ist.

Ausblick
(Gen 4,1–11,9)

Die Schöpfungsgeschichte steht im Buch Genesis nicht allein, sondern ist Teil der *Urgeschichte,* in der die Entstehung und Entwicklung der Menschheit beschrieben wird. Und ab Gen 4 können wir mitverfolgen, wie die Menschen darum ringen, das Leben außerhalb des Paradieses in eigener Verantwortung zu bewältigen. Die Genealogien zeigen, wie sich die Menschheit vermehrt und wie sich Großfamilien und Stämme bilden. Man entwickelt den Ackerbau und die Viehzucht, man geht auf die Jagd, und in Gen 4,19-22 wird zum ersten Mal von Kultur gesprochen, von den Künsten anhand der Musik und von der Technik anhand der Eisenschmiede. Auch die weiteren Erzählungen zeigen, dass der Mensch mit dem Problem, das elementare Leben zu sichern, ganz gut zurechtkommt.

Anders sieht es mit der ethischen Ebene aus. Der Mensch ist nun fähig, Gut und Böse zu erkennen, heißt es bei der Austreibung aus dem Garten Eden. Aber die Geschichte hat gezeigt, dass *Böses zu erkennen* nicht bedeutet, *Böses zu vermeiden.* Das wird gleich in Gen 4 in der Erzählung von Kain und Abel deutlich: Gott warnt Kain vor der Sünde, und dieser erkannte sie auch. Aber seine erste Reaktion nach dem Gespräch mit Gott ist es, seinen Bruder Abel aufs Feld zu locken und ihn dort zu töten. Der ganze Pentateuch zeigt eine Geschichte, in der es fortwährend zu Ungerechtigkeit, Heimtücke, Ausbeutung, Mord und Krieg kommt. Und an der Situation, ganz auf uns selbst angewiesen zu sein und immer wieder den Kampf gegen das Böse führen zu müssen, arbeiten wir uns heute noch ab.

Wer erwartet hat, dass der Mensch anhand der Folgen seiner Übertretung des göttlichen Gebots etwas gelernt hat, sieht sich enttäuscht. Denn Lamech aus der Familie des Kain ist wenige Generationen später ein Prototyp von Überheblichkeit und Machtbesessenheit, wie sein Gedicht in Gen 4,23-24 zum Ausdruck bringt:

Lamech sagte zu seinen Frauen:
Ada und Zilla, hört auf meine Stimme,
ihr Frauen Lamechs, lauscht meiner Rede!
Ja, einen Mann erschlage ich für eine Wunde
und einen Knaben für eine Strieme.
Wird Kain siebenfach gerächt,
dann Lamech siebenundsiebzigfach.

Der Ausblick auf die Welt außerhalb des Paradieses führt zu einem ambivalenten Ergebnis: Es ist ein Ringen, das Gute zu tun und das Böse zu vermeiden, aber die Waage neigt sich eher zum Bösen. Und so beschreibt die *Urgeschichte* die Lage der Menschheit zutiefst pessimistisch: „Der Herr sah, dass auf der Erde die Schlechtigkeit des Menschen zunahm und dass alles Sinnen und Trachten seines Herzens immer nur böse war. Da reute es den Herrn, auf der Erde den Menschen gemacht zu haben, und es tat seinem Herzen weh“ (Gen 6,5-6). Und so sah Gott keinen anderen Ausweg, als eine Sintflut zu schicken, um einen Neuanfang zu ermöglichen. Die Natur sollte erhalten bleiben, von der Menschheit aber nur die wenigen, die nach dem Herzen Gottes lebten. Aber auch hier werden die Nähe Gottes zum Menschen und sein Wille, ihm zu helfen, sichtbar. Deshalb schließ Gott nach der Sintflut mit Noah einen neuen, für die Schöpfung endgültigen Bund:

So lange die Erde besteht,
sollen nicht aufhören
Aussaat und Ernte,
Kälte und Hitze,
Sommer und Winter,
Tag und Nacht.
(Gen 8,22)

Hier wird ein universaler Schöpfungssegen ausgesprochen, unter dem wir bis heute stehen. Und die Geschichte hat gezeigt, dass Gott immer wieder einen Rettungsschirm aufspannt – der umfassendste und endgültigste im Kommen seines Sohnes, der uns einen Weg geöffnet hat, zurückzukommen in die unmittelbare Gemeinschaft mit unserem Schöpfer. Diese Rettungstat Christi darf sich aber nicht allein auf unser eigenes Leben beziehen, sondern soll auch eine Auswirkung auf die Schöpfung haben, wie es der Apostel Paulus, endgültig für die neue Schöpfung, aber ansatzweise auch schon für heute, zum Ausdruck bringt:

Denn die ganze Schöpfung wartet sehnsüchtig
auf das Offenbarwerden der Söhne Gottes.
Die Schöpfung ist der Vergänglichkeit unterworfen,
nicht aus eigenem Willen,
sondern durch den, der sie unterworfen hat,
aber zugleich gab er ihr Hoffnung.
Auch die Schöpfung soll von der Sklaverei
und Verlorenheit befreit werden
zur Freiheit und Herrlichkeit der Kinder Gottes.
Denn wir wissen, dass die gesamte Schöpfung
bis zum heutigen Tag seufzt und in Geburtswehen liegt.
(Röm 8,19-22)

Kapitel 11
Wege zur Schöpfung

> Es geht darum, den Grundentwurf des Schöpfers zu erkennen, wie er uns in den Schöpfungstexten der Bibel nahegebracht wird. Denn ihre Aussagen sind Gottes eigener Kommentar zu seiner Schöpfung – und nie haben wir ihn dringender gebraucht als heute.

So habe ich im Vorwort das Ziel meines Buches beschrieben. Es zu erreichen ist allerdings leichter gesagt als getan, denn man kann die Aussagen der Schöpfungstexte nicht einfach in unsere Gegenwart übertragen. Dazu ist der zeitliche Abstand zu groß und die Lebensumstände damals und heute zu verschieden. Deshalb will ich versuchen, die Schöpfungsbotschaft der Bibel bis in unsere heutige Zeit *weiterzudenken*. Denn nur so können wir den biblischen Schöpfungstexten die Fragen stellen, die sich uns heute beim Umgang mit der Schöpfung aufdrängen.

Wenn wir die Schöpfungsgeschichte bis in unsere Zeit *weiterdenken*, ergeben sich viele Ideen, Reflexionen und Fragen, die das 21. Jahrhundert aus der Perspektive der biblischen Schöpfungsbotschaft beleuchten. Auf diese Weise kann der Text mit uns ins Gespräch kommen, indem er uns Fragen stellt und sich von uns Fragen stellen lässt. Aus dem *Weiterdenken* der biblischen Schöpfungsbotschaft sind die folgenden Skizzen entstanden, die ich *Wege zur Schöpfung* nenne. Sie sind Anmerkungen zum Text aus der Perspektive der Gegenwart.

Wege zur Schöpfung nenne ich sie auch deswegen, weil es mir nicht um eine Gesamtkonzeption geht, etwa in der Art einer „Schöpfungsordnung für das 21. Jahrhundert". Die biblischen Schöpfungstexte wollen uns zum Lob des Schöpfers ermuntern und uns helfen, den „Garten der Schöpfung" im Sinne des Schöpfers zu „bebauen und zu bewahren". Sie geben nicht auf alle Fragen eine Antwort, sondern vermitteln uns das Verständnis für die Schöpfung, damit wir *mit ihr* und nicht *gegen sie* leben.

Um das Missverständnis einer Gesamtkonzeption zu vermeiden, habe ich die *Wege zur Schöpfung* in der Reihenfolge geordnet, wie sie sich aus den Schritten der Auslegung der Schöpfungsgeschichte in den ersten zehn Kapiteln ergibt. Denn die Skizzen sollen ermutigen, nach eigenen Wegen zu suchen und eigene Schritte zu gehen. Und da sollte jeder an dem Punkt beginnen, an dem er die größte Motivation besitzt oder die besten Möglichkeiten hat.

1. „Meine" Schöpfungsgeschichte

Wir sind gewöhnt, uns einem Text wie der Schöpfungsgeschichte von der *intellektuellen* Seite zu nähern. Wir fragen nach der sprachlichen Gestalt des Textes, nach seinem historischen Hintergrund und den Spannungen, die sich zwischen dem Text und dem heutigen Weltbild ergeben. Das sind notwendige Vorarbeiten, aber damit werden wir dem Text noch lange nicht gerecht. Denn es ist das Ziel der Bibel, *Gottes Wort* direkt an uns zu richten. Der Text will mit uns ins Gespräch kommen, und dazu muss er uns nicht nur *intellektuell,* sondern auch *emotional* erreichen.

Gen 1 und Gen 2–3 sind allerdings so verschieden, dass man unterschiedliche Zugangswege zu ihnen finden muss. Der wichtigste Zugangsweg zu Gen 1 ist das Lob des Schöpfers, nicht nur, wie in Ps 104, über die Fülle und Vielfalt des Geschaffenen, sondern auch über die Weisheit des Schöpfers, die im schrittweisen Aufbau der Schöpfungswerke sichtbar wird. Denn Gen 1 ist eine Art Psalm über die Weisheit des Schöpfers. Scheuen wir uns nicht, alle unsere Sinne an diesem Lob zu beteiligen. Wir sollten den Text laut vorlesen, ihn unseren Kindern erzählen, mit ihm im Gottesdienst die Schöpfung feiern, ihn mit Bildern veranschaulichen oder mit ihm singen und musizieren. Kunst, Musik und Tanz, aber auch Stille und Vertiefung in den Text können uns helfen, dass aus *der* Schöpfungsgeschichte *unsere* Schöpfungsgeschichte wird.

Zu Gen 2–3 brauchen wir einen ganz persönlichen Zugang, denn hier geht es um den Menschen. Wie wäre es, wenn wir die Erzählung von der Erschaffung und Verfehlung des Menschen als einen eigenen Psalm formulierten, z. B. so:

> Gott, mein Herr –
> Du hast mich mit Deinen eigenen Händen geformt,
> Du hast mir mit Deinem Atem das Leben gegeben,
> Du hast den Garten der Schöpfung geschaffen,
> damit ich ihn bebaue und bewahre.
> Du hast mir Grenzen gesetzt,
> die mich vor dem Absturz bewahren sollen,

Du hast mich mit dem Du beschenkt,
das mir und dem ich eine Hilfe sein kann.
Und als ich strauchelte
und nackt und schutzlos war,
hast Du mir Kleider gemacht,
damit ich überleben kann.

2. Schöpfungsglaube und Naturwissenschaft

Man kann es nicht oft genug wiederholen: Naturwissenschaft und Schöpfungsglaube stellen sich gegenseitig nicht infrage, auch wenn das die radikalen Positionen auf beiden Seiten behaupten. Das Problem entsteht, wenn Kreationisten aus den Schöpfungstexten der Bibel naturwissenschaftliche Fakten herauslesen wollen. Und das Problem entsteht ebenso, wenn radikale Atheisten versuchen, die Existenz Gottes mit vermeintlich wissenschaftlichen Argumenten infrage zu stellen. Beide Positionen überschreiten dabei die Grenzen, die ihren eigenen Erkenntniswegen gegeben sind.

Gerade weil die Erkenntniswege von Naturwissenschaft und Schöpfungsglaube so verschieden sind, haben sie eine gemeinsame Verantwortung für die Bewahrung der Schöpfung. Denn wir brauchen beides: die Ehrfurcht vor dem Schöpfer, die im Schöpfungsglauben lebt, damit wir die *Würde der Schöpfung* erkennen, und die wissenschaftlich gewonnenen Erkenntnisse über die *Gefährdung der Schöpfung.* Erst wenn beides zusammenkommt, kann eine Motivation entstehen, die stark genug ist, die Zerstörung der Schöpfung aufzuhalten. Es reicht aber nicht, dass man immer wieder die Notwendigkeit der Zusammenarbeit von Schöpfungsglaube und Naturwissenschaft betont – es braucht Beispiele konkreter Zusammenarbeit, die Mut machen, sich dort auf den Weg zu machen, wo man eigene Schritte gehen kann. Wenn die Kraft religiöser Überzeugungen und die wissenschaftlich gewonnenen Fakten über die Gefahren zusammenkommen, entsteht am ehesten eine Überzeugungskraft, die stark genug ist, viele Menschen zu bewegen, sich auf den *Weg zur Schöpfung* zu begeben.

3. Verantwortung

Gen 1–3 macht für seine Zeit eine revolutionäre Aussage: Alles, was zu unserer Welt gehört, ist *geschaffen*, auch die Naturphänomene, die in der Umwelt Israels als Götter angebetet wurden. Die Schöpfungsgeschichte sagt, dass sie selbst keine Götter, sondern Teile der Schöpfung sind. Verantwortung *für* die Schöpfung ist demnach Verantwortung *vor* dem Schöpfer. Nach einer langen geschichtlichen Periode, in der das Standard im jüdischen und christlichen Denken war, sind wir heute fast wieder beim alten Denken angelangt: In den Naturphänomenen werden zwar keine Götter gesehen, aber die Natur ist wieder zur letzten Instanz geworden. Denn wenn es keinen Gott als Schöpfer gibt, bleibt nur noch sie als die Basis aller Dinge übrig.

Das hat eine fatale Nebenwirkung, denn als Begründung für die Bewahrung der Schöpfung bleibt dann nur noch das *Nützlichkeitsdenken.* Man bewahrt die Natur, weil man sie braucht, und man versucht sein Verhalten zu verändern, weil man die kommenden Gefahren sieht. Das ist natürlich besser als nichts, aber wie wir heute sehen, reicht die Motivationskraft des Nützlichkeitsdenkens nicht aus, um so tief greifende Veränderungen zu bewirken, wie sie heute nötig sind. Denn die meisten Menschen denken dabei nur an ihren eigenen Nutzen, nicht aber an den der Gesamtheit: Warum soll ich in Europa weniger Auto fahren, damit die Inseln in Mikronesien bewohnbar bleiben? Ist es eigentlich schlimm, wenn das Klima bei uns wärmer wird? Vielleicht haben es meine Urenkel dann sogar besser als ich.

So bleibt es die Aufgabe der Christenheit, deutlich zu machen, dass die *Verantwortung für die Schöpfung* eine *Verantwortung vor dem Schöpfer* ist. „Ehrfurcht vor dem Leben“ ist dann eine Folge der „Ehrfurcht vor Gott“. Bisher hat sich die Christenheit allerdings in beschämender Weise dieser Verantwortung entzogen. Dabei könnte die vereinte Kraft der ganzen Christenheit ausreichen, eine Umkehr der Menschen zur Schöpfung in Gang zu setzen. Aber dazu müsste sich die zerstrittene und oftmals selbstgenügsame Christenheit wenigstens an diesem Punkt zusammenfinden, um im eigenen gemeinsamen Handeln Authentizität zu gewinnen. Brauchten wir nicht eine weltweite Bewegung „Christen für die Schöpfung“?

4. Freiheit und Stabilität

Die Schöpfungsgeschichte beginnt mit den Worten: „Im Anfang schuf Gott Himmel und Erde." Die Wissenschaften, die sich mit dem Kosmos und dem Zusammenwirken der lebenden Organismen beschäftigen, helfen uns daher, einen Einblick in die Strukturen der Schöpfung zu finden und in ihnen die Weisheit des Schöpfers zu erkennen.

Eines der Wunder der Schöpfung ist die Tatsache, dass Ökosysteme über lange Zeit stabil bleiben, obwohl sie sich ständig verändern und anpassen müssen. Das liegt daran, dass in ihnen kein starres Gleichgewicht, sondern ein *Fließgleichgewicht* herrscht, bei dem das System erhalten bleibt, obwohl sich seine Teile ständig verändern. Denn die Freiheit des einen Individuums oder der einen Art wird nur durch die Freiheit der anderen Individuen und Arten begrenzt. Hier hat die Ökologie ein Grundgesetz der Schöpfung entdeckt, das sowohl für die Natur wie für das soziale Leben des Menschen gilt und einen tiefen Einblick in das Wesen der Schöpfung erlaubt. Wenn wir dieses Grundprinzip zum Maßstab unseres Handelns machen, hat das tief greifende Konsequenzen:

1. Gesunde Ökosysteme brauchen einen bestimmten Artenreichtum, und so müssen Monokulturen immer mit chemischen Produkten wie Düngemittel und Pestiziden gestützt werden. Weil unsere heutige Landwirtschaft fast ausschließlich mit Monokulturen arbeitet, ist ihre Arbeitsweise ein gefährlicher Eingriff in die Schöpfung, der auf die Dauer zu Schäden führt, die nicht mehr rückgängig gemacht werden können.
2. Unser globalisierter Kapitalismus gaukelt uns vor, unsere Lebensmittel effektiv zu produzieren, auch wenn sie weite Handelswege zurücklegen müssen. Das ist eine Täuschung, denn die vermeintliche Effektivität ist nur dadurch gegeben, dass die Kosten, die mit der Umweltbelastung zu tun haben, von der Allgemeinheit getragen werden. Statt eine umweltzerstörende Landwirtschaft zu unterstützen, wäre es besser, die höheren Preise zu subventionieren, die eine umweltgerechte Landwirtschaft erfordert.
3. Ökosysteme brauchen Nähe, weil sonst die Individuen und Arten nicht aufeinander einwirken können, indem sie sich gegenseitig begrenzen und Ressourcen austauschen. Diese ökologische Effektivität müsste eigentlich auch für unsere Wirtschaftskreisläufe gelten. Aber weit gefehlt: Weil unser Wirtschaftssystem inzwischen global orga-

nisiert ist, entsteht durch die langen Transportwege eine unnötige Belastung der Umwelt, und die fehlende Transparenz macht es dem umweltbewussten Verbraucher schwer, verantwortlich einzukaufen. Und so brauchen wir dringend regionale Wirtschaftskreisläufe, die wie ein Ökosystem nach dem Prinzip der Nähe strukturiert sind.

4. Weltweit werden immer mehr artenreiche Ökosysteme durch Monokulturen ersetzt, und das bedeutet ein zunehmendes Aussterben von Pflanzen- und Tierarten. Wenn dadurch die Artenvielfalt in einer Region oder gar auf der ganzen Erde unter eine gewisse Dichte sinkt, wird die Lebenskraft der Natur tief greifend geschädigt. Angesichts einer übervölkerten Erde kann das in nicht allzu ferner Zeit zu einer globalen Katastrophe führen, vor allem dann, wenn eine schnelle Veränderung des Klimas mit der sinkenden Lebenskraft der Natur zusammenfällt.
5. Wir brauchen also eine Landwirtschaft, ein Wirtschaftssystem und ein Verbraucherverhalten, das sich am ökologischen Vorbild orientiert. Denn die menschliche „Verschlimmbesserung“ der Schöpfung muss ein Ende haben.

5. Sozialstrukturen

Im Prinzip ist jede Gemeinschaft von Menschen eine Art Ökosystem, denn auch hier wird – bei einem gesunden Zustand – die Freiheit des einen Individuums nur durch die Freiheit der anderen Individuen begrenzt. Im Neuen Testament wird mit dem Bild vom *Leib Christi* (1 Kor 12) eine Sozialstruktur beschrieben, die im ökologischen Sinn Freiheit und Stabilität miteinander verbindet. Sie sieht, auf ihre Grundstruktur verkürzt, folgendermaßen aus:

1. Jedes Individuum hat persönliche Kompetenzen (in 1 Kor 12 *Charismen* genannt), wobei es die Stärke einer Gruppe ausmacht, dass in ihr viele unterschiedliche Kompetenzen vorkommen. Das heißt: Jeder kann etwas, aber niemand kann alles.
2. Die unterschiedlichen Kompetenzen legen keine Rangfolge fest, denn es soll immer die Fähigkeit an der Spitze stehen, die gerade am dringendsten gebraucht wird.
3. Wird eine neue Kompetenz gebraucht, tritt die alte, die gerade an der Spitze stand, wieder in den Hintergrund. Es ist also nicht nur wich-

tig, seine Fähigkeiten zu kennen, sondern auch seine Grenzen, weil sonst der Austausch der Kompetenzen nicht gelingt.

4. Das letzte Wort haben alle zusammen, allerdings nur dann, wenn dieses Wort in einem kommunikativen Prozess entwickelt wird, weil nur dadurch die Macht des Einzelnen beschränkt, die Kompetenz des Einzelnen aber geschützt wird.
5. Es entsteht also eine *funktionale Hierarchie* und mit ihr eine Art *soziales Fließgleichgewicht,* das der Gemeinschaft sowohl Freiheit wie Stabilität verleiht und zu einer optimalen Effektivität verhilft.

Eine „ökologisch" strukturierte Gemeinschaft verlangt ein hohes Maß an Flexibilität und Gemeinnutz und kann nicht „auf Befehl" eingeführt werden. Sie ist aber eine Zielvorstellung, die langsam in vorhandene Gemeinschaften „einwandern" kann, um aus der vorhandenen festgelegten Hierarchie eine *funktionale Hierarchie* entstehen zu lassen.

6. Ästhetik der Innovation

Die Ästhetik der Schöpfung ist sehr ausgeprägt und auffällig, denn sie ist derjenigen radikal entgegengesetzt, die sich in unserer Zivilisation ausgebreitet hat. In der Natur ist alles wachstümlich, kein Baum und kein Blatt gleicht einem anderen, und Pflanzen, die sich von selbst ansiedeln, stehen nie in Reih und Glied. Und so finden wir in der Schöpfung eine Ästhetik, die ich *Ästhetik der Innovation* nennen möchte, denn bei ihr ergibt sich die Schönheit aus der Vielfalt und der wachstümlichen Unregelmäßigkeit. Für unsere heutigen Augen sieht deshalb die Natur, wenn sie sich selbst überlassen ist, chaotisch aus. Schaut man sie genauer an, kann man ihre besondere Schönheit wahrnehmen, untersucht man ihre Strukturen, erkennt man ihre staunenswerte Effizienz.

In unserer Zivilisation dominieren der rechte Winkel und die gleichförmige Reihung. Das hängt einmal mit der Statik zusammen, die unsere Baumaterialien erfordern, und mit der Art unserer Effizienz, die darauf beruht, dass wir mit beliebig reproduzierbaren gleichförmigen Elementen arbeiten. Aber auch da, wo das nicht nötig wäre, etwa bei der Gestaltung privater Gärten oder größerer Naturbereiche, dominiert das Gerade und Gleichförmige. Das gilt ebenfalls für die Versiegelung des Bodens durch die heute besonders beliebten Betonsteine oder andere Formen des Pflasters. In unserer Zivilisation finden wir also eine *Ästhe-*

tik der Gleichheit, die so ausgeprägt ist, dass die meisten Menschen jede Form von „chaotischer Verschiedenheit" als unschön empfinden.

In unseren Städten und Ballungszentren ist dies eine nicht unwichtige Frage der Ästhetik und des Lebensstils, für die Natur aber wird es gefährlich, wenn wir versuchen, ihr unsere Ästhetik aufzuzwingen. Denn dabei geht nicht nur die ihr eigene Schönheit zugrunde, sondern auch ihre Überlebensstärke und Entwicklungsfähigkeit. In einem Ökosystem dominiert die Vielfalt und nicht die Einheitlichkeit und Gleichförmigkeit unserer Monokulturen. Im Kulturrasen in unseren Vorgärten, in denen es nur gleiches Gras gibt, weil wir das als schön empfinden, ist die Natur fast tot, denn diese Art von Monokultur kann nur wenigen Lebewesen eine Heimat bieten. Und in unserem Städtebau und unserer Landschaftsgestaltung haben wir der Natur eine schöpfungswidrige Ästhetik aufgezwungen, die angesichts unserer wachsenden technischen Möglichkeiten, die Natur zu verändern, *gefährlich* geworden ist.

7. Die Würde der Schöpfung

Weil die Schöpfung in ihrer gesamten Struktur der Schöpfungsidee Gottes entspricht, hat sie mit allen ihren Geschöpfen Anteil an der *Würde der Schöpfung.* Denn alles, was wir kennen, zeigt die „Handschrift Gottes". Das gilt nicht nur für die belebte Natur, sondern auch für die Landschaften der Erde und für den gesamten Kosmos. *Würde* drückt den Wert und die Bedeutung der Schöpfung aus, weil sie *geschaffen* ist: „Herr, wie zahlreich sind deine Werke! Mit Weisheit hast du sie alle gemacht, und die Erde ist voll von deinen Geschöpfen" (Ps 104,24). Diese Identifizierung Gottes mit seiner Schöpfung bedeutet, dass sich jeder, der sie mutwillig oder aus Eigennutz zerstört, gegen Gott wendet.

Wie aber sind die Grenzerfahrungen in der Natur mit ihrer Würde vereinbar? Alle Tiere nutzen ja andere Lebewesen als Nahrung, und das ist bei Pflanzen oft und bei Tieren immer mit ihrem Tod verbunden. Diese gegenseitige Nutzung entspricht dem Wesen der Schöpfung, das Gen 2 mit der Formulierung „bebauen und bewahren" zum Ausdruck bringt. Deswegen ist es mit der Würde der Schöpfung durchaus vereinbar, allerdings mit einer wesentlichen Einschränkung: Jede Nutzung der Schöpfung muss streng auf das absolut Notwendige beschränkt werden, sie darf den betroffenen Lebewesen kein unnötiges Leid zufügen, denn damit würde die *Würde der Schöpfung* und ihr Status als von Gott *Geschaffenes* verletzt.

Sobald wir die Natur aus Gewinnsucht ausbeuten oder auch nur aus Bequemlichkeit, und damit über das notwendige Maß hinaus verletzen, verstoßen wir gegen die Würde der Schöpfung. Das gilt besonders für die Tierhaltung, und zwar in doppelter Hinsicht: Bei der Massentierhaltung wird den Tieren fast immer ihr artgerechter Lebensraum entzogen, und außerdem werden die Tiere durch die schnelle und unnatürliche Aufzucht nicht mehr als Lebewesen, sondern nur noch als Sachen behandelt. So werden die Tiere um das Leben, das ihnen schöpfungsgemäß zusteht, betrogen. Die Sabbatbestimmungen für die Nutztiere (Ex 23,12) zeigen, wie stark auch die Tiere an der *Würde der Schöpfung* teilhaben sollen.

Die Grenze zwischen *Nutzung* und *Ausbeutung* kann auch grundsätzlich definiert werden: Die Natur ist nicht unsere *Umwelt*, die allein für den Menschen da zu sein hat, sondern unsere *Mitwelt*, mit der wir im Geben und Nehmen verbunden sind.

8. Die Würde des Menschen

Die *Würde der Schöpfung* gilt natürlich auch für jeden Menschen, unabhängig von seinem Geschlecht, seiner Herkunft, seiner Hautfarbe, seiner sozialen Stellung oder seinem Alter. Je weniger sich jemand selbst schützen kann, desto mehr muss er geschützt werden. Nun entstehen überall in der menschlichen Gesellschaft Abhängigkeiten, etwa zwischen Eltern und Kindern, Arbeitgebern und Arbeitnehmern, Einflussreichen und Einflusslosen, Bürgern und Staat. Hier gilt dasselbe wie in der ganzen Schöpfung: Die Abhängigkeit von Menschen gegenüber Menschen muss ebenso streng auf das Notwendige beschränkt werden. Denn alle Menschen sind schöpfungsgemäß mit der *Menschenwürde* ausgestattet, wie es auch das deutsche Grundgesetz sagt: „Die Würde des Menschen ist unantastbar."

Trotzdem ist die Menschenwürde immer wieder gefährdet, auch in unseren demokratisch verfassten Staaten. Denn auch heute gibt es viele Situationen, in denen die Abhängigkeitsverhältnisse auf der Machtebene entschieden werden. Brennpunkte sind vor allem das Arbeitsleben; der Umgang mit Menschen, die zu den sozialen Verlierern gehören; das Verhältnis der Generationen und die von den Medien gesteuerte „öffentliche Meinung". Denn eine Sozialstruktur zu leben, in der es keine Gewinner und Verlierer gibt, sondern nur Menschen, die im Geben und Nehmen beteiligt sind, ist eine der anspruchsvollsten Aufgaben, die uns das Leben stellt.

Die *Würde des Menschen* steht allerdings im Zusammenhang mit der *Würde der Schöpfung*, denn sie ist ja ein Teil von ihr. Der Mensch ist wie alle anderen Lebewesen von Gott *geschaffen*. Dass er nach dem Bild Gottes geschaffen ist, bedeutet weniger eine höhere Stellung, sondern vielmehr eine höhere *Verantwortung*. Weil er mit Geist begabt ist und die Fähigkeit der Selbststeuerung erhalten hat, kann nur er gegen die Würde der Schöpfung und damit gegen die Würde des Menschen verstoßen. Und wenn alles, was ist, von Gott geschaffen ist, dann darf die Herrschaft des Menschen keine Machtentfaltung sein, sondern muss ein verantwortlicher Umgang mit der Schöpfung sein, der allen Beteiligten zum Segen gereichen soll und zur *Gerechtigkeit*, zum *Frieden* und zur *Bewahrung der Schöpfung* beiträgt.

9. Mitschöpfer Heiliger Geist

Für viele ist es eher eine Randbemerkung der Schöpfungsgeschichte, dass der Geist Gottes Mitschöpfer der Welt ist. In Wirklichkeit ist die Aussage in Gen 1,2 ein zentraler Aspekt der Schöpfungsgeschichte. Denn die *ruah* ist die *Bewegerin* der Schöpfung, die *Innovationskraft*, die der Schöpfung innewohnt. Das gilt nicht nur für die Erschaffung der Welt, sondern auch für ihre weitere Entwicklung: „Sendest du deinen Geist aus, so werden sie alle erschaffen, und du erneuerst das Antlitz der Erde." Im Gegensatz zur Evolutionstheorie, die allein „Zufall und Notwendigkeit" als Triebkräfte der Evolution ansieht, geht das biblische Bild der *Erneuerung* von einer Mitgestaltung durch den Geist Gottes aus, die zielgerichtet ist. Gott lässt der Evolution eine große Freiheit, gibt aber die Entwicklung im Ganzen nicht aus der Hand.

Für mein Verhältnis zur Schöpfung ist es eine „tragende Säule", dass der Heilige Geist die Schöpfung auch heute beseelt und begleitet. Es ist nicht ein „alter", abwesender Gott, der das alles irgendwann einmal angefangen hat, sondern ein gegenwärtiger Gott, der das Heute mit seinem Geist begleitet – eine immerwährende junge Kraft, die jeden Frühling neu die Bäume ausschlagen lässt, die Vögel zum Singen bringt und alle Geschöpfe mit dem Segen der Vermehrung beschenkt. Wir leben nicht in einer fremden Welt, sondern in Gottes Welt, die trotz allem Bösen und trotz der Grenzerfahrungen in der Natur die Präsenz des Heiligen Geistes atmet. Er ist unser Berater und lehrt uns, das Wesen der Schöpfung als Anleitung für unser Leben zu verstehen. Und er begleitet uns bei der schwierigen Aufgabe, den „Garten der Schöpfung" nicht nur zu bebauen, sondern auch zu bewahren. Wir sind in unserem Verhalten der Schöpfung gegenüber nicht nur auf die menschliche Erkenntnisfähigkeit angewiesen, die bei der Bewahrung der Schöpfung bisher eher versagt hat, sondern können auf die *Gaben des Geistes* und dessen *Leitung* vertrauen.

10. Entschleunigung

Wenn wir das Wachstum in der Natur und ihre Evolution beobachten, stellen wir fest, dass alles sehr langsam vor sich geht, jedenfalls gemessen am beschleunigten Zeitgefühl des modernen Lebens, vor allem unter Einschluss der digitalen Welt. Weil die biblischen Schöpfungstage keine Erdentage meinen, sondern einfach *Zeitschritte* sind, können wir uns ohne Probleme den in Kosmologie und Entwicklungsbiologie herrschenden Zeitvorstellungen anschließen. Sie harmonieren mit dem Gott, der „von Ewigkeit zu Ewigkeit" ist, besser als die Zeitvorstellungen des *Kurzzeit-Kreationismus.* Das gilt nicht nur für die Zeitschiene der Vergangenheit, sondern auch für die der Zukunft, für die *Parusieerwartung.* Während die erste Generation der Christen die Ankunft Jesu am Ende der Zeiten noch zu ihren Lebzeiten erwartete, sind inzwischen schon 2000 Jahre vergangen. Die Schöpfung steht also nicht unter Zeitdruck, und Gott schon gar nicht, denn er war schon vor der kosmischen Zeit und wird auch nach ihr noch sein.

Wir haben von der Schöpfung her gute Argumente, uns der immer weiter zunehmenden Beschleunigung des Lebens entgegenzustellen. Es muss nicht alles immer schneller gehen, angefangen vom Verkehr und der Kommunikation bis zu den sich immer stärker beschleunigenden Veränderungen des Mainstream. Es ist wie in der Natur: Wachstumsprozesse brauchen Zeit und jede Beschleunigung vermindert die Qualität. Besonders gefährlich wird es deshalb, wenn wir biologische Prozesse künstlich beschleunigen wollen. Das gilt für das Wachstum von Pflanzen und Tieren ebenso wie für den Beschleunigungsschub in der digitalen Welt, der die Menschen trifft. Oft stehen wir dabei vor schwierigen Entscheidungen: Ist ein Mittel zur Beschleunigung eine Erleichterung der Arbeit und des Lebens oder eine Abkehr vom „gesunden Schöpfungstempo"? Grundsätzlich aber brauchen wir eine Rückkehr zum schöpfungsgemäßen Zeitempfinden, das – so möchte ich es ausdrücken – so sein muss, dass unsere Seele mitkommen kann. Es genügt nicht, nach einer hektischen Arbeitswoche einen Ruhetag einzulegen. Wir brauchen vielmehr in unserem Leben und in dem der Gesellschaft eine bewusste *Entschleunigung*.

11. ... und es war sehr gut

In Gen 1 wird nach jedem Schöpfungswerk die Aussage „und es war sehr gut" wiederholt. *Gut* bedeutet hier weder *schön* noch *angenehm*, sondern *zweckmäßig* oder *sinnvoll*. Das ist ein wichtiger Unterschied: Die Schöpfung ist sinnvoll, obwohl alles Leben irgendwann mit dem Tod endet, und Leiden und Schmerzen weitverbreitet sind. Das „sehr gut" beschreibt also kein Schlaraffenland, sondern das mögliche Maß an Gerechtigkeit, das durch eine ökologisch orientierte Schöpfung und durch einen an die Schöpfungsethik gebundenen Menschen möglich ist. Das gilt auch, wenn wir uns bewusst machen, wie stark die Schöpfung durch das Böse im Menschen beeinträchtigt ist.

Allerdings leben wir heute in einer Phase der Geschichte, in welcher der Einfluss des Menschen auf die Schöpfung in dramatischer Weise zugenommen hat. Der Mensch ist auch heute so gut und böse, wie er immer war, aber er hat durch seine technische Macht viel größere Möglichkeiten, der Schöpfung zu schaden. Gleichzeitig kennen wir die drohenden Gefahren besser als früher, und das motiviert viele Menschen, etwas für die Bewahrung der Schöpfung zu tun. Aber kann der einzelne angesichts der Globalisierung überhaupt noch etwas ausrichten? Ja, es gibt heute durchaus noch *Wege zur Schöpfung*. Man kann sich mit anderen Menschen vernetzen, regional oder auch in einer der globalen Bewegungen. Und es gibt einen Weg für alle: Wir können das Verhalten Gottes übernehmen: „Gott *sah*, dass es gut war." Ich habe in der Auslegung vom „Schöpfungs-TÜV" gesprochen. Wir sollten unser Handeln ebenso überprüfen, damit wir erkennen, ob es die Schöpfung bewahrt oder zerstört. Und je mehr Menschen diese Ebene der *Schöpfungsverantwortung* gewinnen, desto deutlicher wird es werden, dass auch heute vieles zur Bewahrung der Schöpfung getan werden kann.

12. „Wenn ich früh in den Garten geh …"

Damit die *Wege zur Schöpfung* nicht zu abstrakt bleiben, will ich ein wenig von meiner persönlichen Schöpfungserfahrung erzählen. Oft summe ich das Lied von Friedrich Rückert und Robert Schumann, „wenn ich früh in den Garten geh …". Unser Garten – ganz auf dem Land – ist ein kleiner, wilder Park: Gottes Schöpfung in meinem Garten. Wo es geht, lassen wir wachsen, was von selbst wächst. Schädlinge sterben meist nach einiger Zeit durch ihre zu starke Vermehrung, obwohl dabei unsere Geduld auf eine harte Probe gestellt wird. Aber ganz so paradiesisch ist unser Garten trotzdem nicht, denn die Überdüngung der Viehweiden um uns herum beschert uns zu viel Stickstoff und damit zu viele Brennnesseln und Schlingpflanzen. Wir wollten eine mehrjährige Wiese wachsen lassen, aber das ist uns deswegen nicht gelungen.

Wenn sich Pflanzen von selbst ansiedeln, sieht es schnell recht chaotisch aus, aber wenn man ökologisch sehen gelernt hat, ist es schön. Und ein wild gewachsener Baum, der sich seinen Standort selbst aussuchen konnte, wächst dreimal so schnell wie ein angepflanzter. Am Hang hinter dem Haus haben sich wilde Himbeeren angesiedelt, und wenn die Vögel kommen, schaukeln sie auf den dünnen Ästen. Mir kommt es vor, als zeigten sie damit ihre Lebensfreude – zumindest kann ich mich an ihnen und mit ihnen freuen. Unser Haus ist alt und die Ziegelsteine sehen an manchen Stellen recht mitgenommen aus. Das haben sich wohl auch die wilden Waldorchideen gedacht, die auf einmal da waren und sich jedes Jahr ein Stück weiter der Wand entlang ansiedeln. So haben endlich die Insekten auch bei uns etwas zu tun: Wespen, Hummeln und Hornissen. Die Hornissen sind besonders „neugierig", denn wenn sie ins Zimmer kommen, fliegen sie etwa zehn Minuten das ganze Zimmer ab, wie in einem rituellen Tanz, ehe sie wieder das Weite suchen.

Für mich sind das alles Schöpfungserfahrungen, die man allerdings nur im *Zusammenleben* mit Gottes Geschöpfen machen kann. Kürzlich hatte ich ein Stück Rasen gemäht und mich dann in die Sonne gesetzt, um auf die Vögel zu warten, die nach dem Mähen kommen, weil sie dann leichter Futter finden. Es kamen ganz verschiedene Arten, die sich das gemähte Stück friedlich aufteilten, und mir fiel auf, wie graziös sie sich beim Herumlaufen oder Hüpfen bewegten, wie in einem kunstvollen Ballett. Und auch auf der anderen Seite zeigt sich die Schöpfung aus der Nähe als *gut* im Sinne von *zweckmäßig.* Neulich musste ein Vogel den Zusammenstoß mit einem Fenster mit dem Leben bezahlen. Wir ließen den toten Vogel liegen und freuten uns, dass er von einem Tier geholt wurde, dem er als Nahrung dienen konnte.

Das sind alles einfache Erfahrungen, die man auch in einem kleinen Vorgarten machen kann, aber es kommt auf das Sehen und Mitempfinden an. Denn dadurch kommt uns die Schöpfung so nahe, dass wir sie verstehen und lieben können.

13. … nach seinem Bild

Wir haben in der Auslegung gesagt, dass *Gottesebenbildlichkeit* bedeutet, dass der Mensch fähig ist, mit Gott in Beziehung zu treten. Er kann sich dieser Beziehung anvertrauen, er kann sich aber auch gegen sie entscheiden. Was er auch tut, einer Entscheidung kann er nicht ausweichen. In dieser selbst verantworteten Freiheit ist im Tiefsten seine *Würde* begründet. „Was ist der Mensch, dass du an ihn denkst, des Menschen Kind, dass du dich seiner annimmst? Du hast ihn nur wenig geringer gemacht als Gott, hast ihn mit Herrlichkeit und Ehre gekrönt. Du hast ihn als Herrscher eingesetzt über das Werk deiner Hände, hast ihm alles zu Füßen gelegt …“ (Ps 8,5-7). „Wenig geringer als Gott“ und daher verantwortlich für die ganze Schöpfung. In dieser *Würde* kann also auch eine *Bürde* liegen, und die Geschichte hat unzählige Male das Versagen des Menschen offengelegt. Was soll er in dieser heiklen Situation tun, vor allem heute, wo seine Bürde durch den wissenschaftlich-technischen Fortschritt fast zu schwer geworden ist?

Die *Gottesebenbildlichkeit* bedeutet nicht, dass der Mensch in seiner Beziehung zu Gott eine „Vorleistung“ erbringen muss. Denn diese hat ja Gott erbracht: „dass du dich seiner annimmst“. Es genügt, dass sich der Mensch seiner *Gottesebenbildlichkeit* gewiss wird und seine Beziehung zu Gott zum Fundament seines gesamten Lebens macht. Dafür genügt ein „kirchliches Interesse“ allerdings nicht, denn ohne die *Hingabe des ganzen Lebens* an Gott wird die Gottesbeziehung für einen schöpfungsgemäßen Lebensstil nicht ausreichen. Denn wenn der Mensch nicht bei seiner an sich orientierten Selbststeuerung bleiben will, braucht er die Ebene Gottes, von der aus er durch *Gottes Geist* erreicht werden kann. Nur darin kann er Kraft, aber auch Korrektur gewinnen. Es geht dabei um einen geistlichen Lebensstil, der auf das Reden Gottes achtet, in der durch Christus geschenkten Vergebung lebt und offen ist für das Wirken des Heiligen Geistes.

Was kann uns dabei helfen, in der *Nachfolge Jesu* zu leben? Es sind die klassischen Bereiche, die für den christlichen Glauben immer die entscheidende Grundlage gewesen sind:

1. Wir brauchen einen Umgang mit der Bibel, bei dem wir durch die Botschaft des Textes erreicht werden, sowohl in seiner grundlegenden Aussage, die für alle Menschen gilt, wie auch in der persönlichen Anrede, die mir helfen kann, meinen eigenen Weg „unter den Augen Gottes“ zu gehen.
2. Unsere Gebete sollten einen Gesprächscharakter gewinnen, denn sie sind nicht nur dafür da, *unsere* Anliegen Gott zu sagen, sondern haben viel stärker die Funktion, dass uns Gott *seine* Anliegen sagen kann. Im Mittelpunkt steht dann nicht die Erhörung unserer Wünsche, sondern das Verständnis für den Willen Gottes.
3. Es gibt viele Möglichkeiten, durch das Wirken des Heiligen Geistes erreicht zu werden: durch die Charismen, die uns geschenkt sind, durch unmittelbare Impulse des Geistes Gottes und durch die Gemeinschaft mit anderen Christen, die uns durch das Wirken des Geistes Gottes im anderen ermutigt und korrigiert.
4. Die *Nachfolge Jesu* ist wie ein „Scharnier“: das, was durch Christus in uns „Gestalt gewonnen“ hat, soll sich mit dem verbinden, was uns in Schöpfung und Gesellschaft begegnet, damit wir an diesen Stellen zum „Werkzeug Gottes“ werden.

14. Verantwortung tragen

So zu herrschen, dass es zum Segen wird, haben wir in der Auslegung als *Verantwortung* definiert. Diese Verantwortung ist nicht auf den persönlichen Lebensbereich beschränkt, sondern bezieht sich auf die ganze Schöpfung: „… herrschen über die Erde“ (Gen 1,26). Wir kennen heute die ökologischen Zusammenhänge, deshalb können wir die Verantwortung nicht auf die Pflanzen- und Tierwelt beschränken, sondern müssen sie auf unseren Umgang mit Bodenschätzen, mit dem Klima und mit *Gerechtigkeit, Frieden* und die *Bewahrung der Schöpfung* erweitern. Denn jeder Mensch ist persönlich beteiligt: Er verbraucht Energie, gestaltet einen Garten, nimmt an einer Wahl teil oder engagiert sich in Verbänden, Vereinen und Kirchen. Wenn sich viele Menschen an einem *schöpfungsgemäßen Lebensstil* beteiligen, können sie mehr bewirken, als sie vermuten. Denn es geht hier nicht nur um den messbaren Beitrag, etwa um den Rückgang des Energieverbrauchs, sondern auch um die Zeichenwirkung.

Die Verantwortung, die von jedem gefordert werden kann, bedeutet also nicht weniger und nicht mehr, als selbst zeichenhaft zu leben und als Bewohner eines Ortes, Mitglied einer Kirchengemeinde und Angehöriger eines Staates seinen Beitrag zur Bewahrung der Schöpfung zu leisten. Wo es möglich ist, sollte man sich mit anderen zusammenschließen, um den Versuch zu machen, etwas konkret zu bewegen. Und Verantwortung bedeutet schließlich, nicht zu resignieren, auch wenn der eigene Gestaltungsraum klein ist. Aktiv und gleichzeitig realistisch zu sein ist ein wirkliches Kunststück, und ich denke, dass dies nur dann gelingen kann, wenn wir damit rechnen, dass Gott die Welt nicht aus der Hand gegeben hat und uns als seine Kinder auch im 21. Jahrhundert zur Verantwortung berufen hat.

Neben den Möglichkeiten des Einzelnen, durch seinen Lebensstil einen Beitrag zur Bewahrung der Schöpfung zu leisten, stehen grundlegende Entscheidungen der Menschheit an, nämlich die Frage nach den von der Schöpfung geforderten Grenzen des wissenschaftlich und technisch Machbaren. Dürfen wir alles tun, was wir können? Zumindest in drei Bereichen möchte ich von meinem Verständnis der Schöpfungsethik her „Nein“ sagen, auch wenn es vermutlich noch weitere *Neins* geben müsste: Das ist die Freisetzung der atomaren Kräfte, Manipulationen am Genom von Pflanzen, Tieren und Menschen und die heute erreichbare und weithin schon erreichte digitale Überwachung des Menschen. In allen drei Bereichen hat der Mensch Bereiche, die schöpfungsgemäß auf der Erde verschlossen waren, durch seine Technik geöffnet und sie damit dem Missbrauch ausgeliefert. Wir sind schon weit über die Grenzen gekommen, und ein „Rückbau“ ist außerordentlich schwierig. Umso wichtiger ist es, dass möglichst viele Menschen die Gefahren für die Lebensfähigkeit der Erde und der Menschheit erkennen und für einen verantwortlichen Umgang mit dem technisch Machbaren eintreten.

15. Vom Segen der Vermehrung

Wir haben bereits in der Auslegung von Gen 1 darüber gesprochen, dass man die Erde nur so lange *bevölkern* kann, wie sie noch nicht *übervölkert* ist. Und wenn sich die Bevölkerungszahl der Erde bei etwa 12 Milliarden Menschen einpendelt, wie neuere Prognosen vermuten, ist sicher eine Grenze der Aufnahmefähigkeit erreicht. Es ist also keine Frage, dass wir eine – möglichst natürliche und menschenwürdige – Geburtenkontrolle brauchen. Damit wenden wir uns nicht gegen das Gebot Gottes, das ja für eine menschenleere Erde gedacht war. Damit aber darf der *Segen der Vermehrung* nicht abgewertet werden, denn er hat nicht nur die Aufgabe einer zahlenmäßigen Vermehrung, sondern macht Grundprinzipien der Schöpfung deutlich, die auch dann gelten, wenn wir unsere Fortpflanzung begrenzen.

1. Der Segen der Vermehrung ist dafür verantwortlich, dass eine Art nicht ausstirbt, was beim Menschen auch für Völker, Sprachen und kulturelle Identitäten gilt. Der Tod trifft nur das einzelne Individuum, nicht aber die ganze Art, die dadurch über lange Zeiträume hinweg „unsterblich" ist.
2. Durch die Verschmelzung der elterlichen Gene im Kind entstehen ganz neue Individuen und oft auch neue Begabungen, die für das Leben der Menschen unverzichtbar sind. Hier haben wir wieder das Vorbild des Ökosystems, das auf Vielfalt ausgerichtet ist.
3. Der Segen der Vermehrung schafft *Geschichte.* Über die aufeinanderfolgenden Generationen wird ein großes Erfahrungsgut weitergegeben und damit vor dem Verfall gerettet: Familientradition, regionale Beheimatung, Sprache, Geschichte, Kultur und Religion.
4. Wenn es gute Gründe dafür gibt, darf der Segen der Vermehrung *vorbeugend* begrenzt werden. Wenn das Leben aber entstanden ist, muss es absolut geschützt werden, weil das Tötungsverbot grundsätzlich gilt und nicht von bestimmten Situationen abhängig gemacht werden darf.
5. Die heutige Situation erfordert einen besonderen Schutz der Familie. Denn der immer häufigere Zerbruch von Familien zerbricht auch die Tradition. Wenn in den Familien Lebensstile, Familiengeschichte und ethische Normen nicht mehr weitergegeben werden, geht die Lebenskunst der Altvorderen verloren und mit ihnen auch ihre Tradition, Kultur und Religion.

16. Eine andere Welt?

Gen 1,29-30 beschreibt eine Welt, die wir nicht kennen und uns auch nicht vorstellen können: Alle Tiere fressen die grünen Pflanzen, alle Menschen essen die samenhaltigen Pflanzen und die Früchte von Bäumen – tierische Nahrung gibt es nicht, weder für Tiere noch für Menschen. Hier wie auch in der Erzählung vom Garten Eden wird eine Welt ohne Leid und Schmerzen beschrieben, eine Welt des uneingeschränkten Schaloms und der ungetrübten Gemeinschaft mit Gott. Allerdings ist die Welt in Eden keine Welt ohne Tod, denn sonst könnte die Vertreibung aus dem Paradies nicht mit dem *Baum des Lebens* begründet werden: „Dass er jetzt nicht die Hand ausstreckt, auch vom Baum des Lebens nimmt, davon isst und ewig lebt". Was können wir heute mit diesem Bild einer anderen Welt anfangen?

Ich will es mit dem Gleichnis vom *Polarstern* erklären: Obwohl wir alle diesen Stern nie betreten werden, orientieren wir uns an ihm und suchen mit seiner Hilfe unseren Weg. Und so wird uns durch das Bild dieser anderen Welt gezeigt, dass Gottes Ziel mit seiner Schöpfung eine Welt ohne Leid und Schmerzen und ohne Fressen und Gefressenwerden ist. Der Prophet Jesaja und die Offenbarung des Johannes sagen uns, dass dieses Ziel erst auf einer *neuen Erde* erreicht werden wird. Aber als Ziel gilt es heute schon, denn wir sollen versuchen, auf diesem Weg so weit voranzukommen, wie wir irgend können. Das bedeutet, dass wir auch unseren Umgang mit dem Tier an dem Ziel des *schalom* und der *Würde der Schöpfung* auszurichten haben.

Noch wichtiger scheint mir heute dieses Bild für den Umgang des Menschen mit dem Menschen zu sein. Denn leider müssen wir sagen, dass sich weltweit nach einer gewissen Phase der *sozialen Marktwirtschaft* ein *Raubtier-Kapitalismus* entwickelt hat, der immer härtere Züge annimmt, auch in einem Land wie Deutschland, in dem man dies lange Zeit nicht für möglich gehalten hat. Der Schutz der Schwächeren, im Arbeitsleben wie im gesellschaftlichen Miteinander, spielt in der *Tora* eine zentrale Rolle. Und wenn wir in den nächsten beiden *Wegen zur Schöpfung* auf den Sabbat stoßen, werden wir merken, wie untrennbar *Schöpfung* und *Gerechtigkeit* miteinander verbunden sind. Jeder, der Menschen ausbeutet und die Schere zwischen Arm und Reich ausweitet, versündigt sich gegen Gott, weil er die *Würde des Menschen,* die aus seinem *Geschaffensein* stammt, nicht achtet.

17. Arbeit und Ruhe

Feste Arbeits- und Ruhezeiten sind heute in vielen Ländern der Welt gesetzlich geregelt, obwohl die Wirklichkeit damit oft nicht übereinstimmt. Nicht nur in den armen Ländern, sondern auch bei uns müssen immer mehr Menschen zu Löhnen arbeiten, von denen sie nicht leben können. Sie nehmen dann oft eine zweite Arbeitsstelle an, sodass sie keine wirklichen Ruhezeiten mehr haben. Weil die Dienstleistungen in der Arbeitswelt zunehmen, gibt es immer mehr Schichtbetrieb, Sonntagsarbeit und Bereitschaftsdienst. Und Führungskräfte werden angehalten, auch in ihrer freien Zeit erreichbar zu sein. Einen gemeinsamen Ruhetag gibt es dadurch bei uns kaum noch. Demgegenüber gilt das Sabbatgebot im alten wie im modernen Israel für das ganze Volk und schafft dadurch einen gesellschaftlichen Rahmen, um „zu Atem zu kommen". Denn dazu braucht man nicht nur die persönlich geregelte Freizeit, sondern den gemeinsamen Rhythmus von Arbeit und Ruhe, der für alle gilt. Es ist also heute mehr denn je notwendig, gegen die Tendenz einer schleichenden Abschaffung des Sonntags Widerstand zu leisten.

Wenn wir den schöpfungsgemäßen Rhythmus zwischen Arbeit und Ruhe bis in unsere heutige Zeit weiterdenken, entsteht die Frage, was eigentlich *Arbeit* und was *Ruhe* ist. Ich will eine einfache Definition versuchen: *Arbeit* ist alles, was existenziell für die Sicherung meines Lebens notwendig ist. Dazu gehören nicht nur die berufliche Arbeit, sondern auch der Haushalt, die Steuererklärung und die Arbeit an meiner Wohnung oder meinem Haus, auch wenn dies in meiner Freizeit geschieht. *Ruhe* ist demnach nicht alles, was in meiner Freizeit geschieht, sondern nur das, was dazu dient, dass ich „zu Atem komme" und zu mir selbst finde. Das kann die Lektüre eines Buches sein, Musik hören oder selbst musizieren, Sport treiben, wandern, Gespräche führen oder faulenzen. Wenn ich einen Berg besteige und dabei *außer Atem komme*, kann dies trotzdem ein Teil meiner „Ruhe" sein, in der ich *zu Atem komme.*

Wenn ich von dieser Definition von *Arbeit* und *Ruhe* ausgehe, wird deutlich, dass wir weitgehend verlernt haben, in unserer Freizeit und in unserem Urlaub so zu leben, dass wir *zu Atem kommen.* Der Hauptgrund dafür ist das Fehlen der Stille, einmal durch den Lärm in unserer Umwelt, aber auch, weil wir die Stille als eine innere Leere empfinden, die wir durch Musik, Fernsehen, Smartphone oder Drogen übertönen. Unsere Freizeitbeschäftigungen ähneln oft in verblüffender Weise unserem Beruf oder unserer ständigen Lebensweise – und das geschieht ganz freiwillig. *Ruhe* im Sinne der Schöpfung muss also heute ganz neu eingeübt werden.

18. Das Erlassjahr – ein Modell für heute?

Das Erlassjahr ist ein faszinierendes Modell für das – fast utopische – Ziel, in einem ganzen Staat eine umfassende Gerechtigkeit durchzusetzen. Wir leben allerdings nicht mehr in einer bäuerlichen Wirtschaftsstruktur, die sich auf Großfamilien stützt, wie das in den Vorschriften für das Sabbat- und Erlassjahr abgebildet ist. Kann man dieses Modell trotzdem weiterdenken und in unsere Lebenswirklichkeit übertragen? Als Modell kann man es sicher nicht übertragen, die Ziele des Erlassjahres aber sind durchaus *überzeitlich* und können uns auch heute als Orientierung dienen.

1. Wirtschaftliche Ungleichheit ist nicht schöpfungswidrig, so lange sie nicht zu dauerhafter wirtschaftlicher Macht führt. Deshalb soll es alle 50 Jahre einen Neustart unter den Bedingungen des Anfangs geben. Wer gut gewirtschaftet hat, darf seinen Mehrwert verbrauchen, aber nicht an die nächste Generation weitergeben. Während das in Israel die Rückgabe des zusätzlich Erworbenen an die ursprünglichen Besitzer bedeutete, könnte das heute nur mit dem Erbrecht, einer radikalen nationalen und globalen Steuergerechtigkeit und dem Schutz der armen Länder vor der Wirtschaftsmacht der reichen Länder gestaltet werden.
2. Der Schutz – sowohl was Arbeit und Freizeit, den Zugang zu den Ressourcen, gerechte Entlohnung und die Freiheit zur Selbstbestimmung angeht – muss mit der Schutzbedürftigkeit wachsen. In Israel wurden deshalb vor allem die Sklaven, die Fremden und die Arbeitstiere genannt, als die Geschöpfe Gottes, die sich kaum wehren konnten. Heute ist es eher umgekehrt: Je weniger Macht jemand hat, desto würdeloser wird er behandelt. Da ist es nur ein kleiner Trost, dass sich das Erlassjahr – nach allem, was wir wissen – auch in Israel von Anfang an nicht durchsetzen konnte, obwohl es immer wieder Versuche für einen Neuanfang gab.
3. Am faszinierendsten finde ich den Weg, auf dem die neue Gerechtigkeit erreicht werden sollte – ein Weg, der bei uns fast gar keine

Rolle spielt: das *soziale Lernen.* So, wie Arme und Reiche im Erlassjahr gemeinsam auf die Felder gehen sollten, um das zu ernten, was von selbst nachgewachsen war, müssten wir heute unsere sozialen Schranken durchlässig machen, damit wir uns durch Erfahrungen und nicht durch Appelle auf den Weg machen. Aber geht das? Wie wäre es, wenn jeder hoch dotierte Manager oder Politiker zu einem Monatspraktikum als „Hartz-IV-Empfänger“ verpflichtet würde? Sollte das soziale Lernen, vielleicht auch in einer weniger anspruchsvollen Form, nicht wenigstens im Rahmen der Christenheit zustande kommen können?

Gott hat uns eine fantastische Schöpfung hinterlassen: schön, bunt, stark, frei und effizient. Wir können sie auch heute aus Gottes Hand nehmen und uns ihr anvertrauen. Aber dann müssen wir den – oftmals weiten – *Weg zur Schöpfung* zurückgehen. Es lohnt sich, denn wenn wir diesen Weg gehen, kommen wir bei dem an, was Gott geschaffen hat.

KAPITEL 12
Wege zum Menschen

Mit dem zweiten Teil der Schöpfungsgeschichte in Gen 2–3 betreten wir eine andere Welt. Jetzt geht es nicht mehr um Himmel und Erde, also das ganze Universum, sondern fast nur noch um den Menschen. Und hier wird nicht *berichtet* wie in Gen 1, sondern *erzählt* – in bilderreichen Szenen und in der Art eines Gleichnisses. Wenn wir den Gleichnischarakter des Textes anerkennen, können wir ihn leichter bis in unsere Zeit *weiterdenken* als den Bericht in Gen 1 mit seiner Integration in das antike Weltbild. Denn bei einem Gleichnis ist nicht das „historische Kostüm" wichtig, sondern das, was den zeitlosen Inhalt ausmacht. Wir brauchen also nicht danach zu suchen, an welchem Ort der Garten Eden hätte liegen können, sondern fragen, was dieses Bild des Friedens und des Lebens in der Nähe Gottes für uns heute bedeutet. Auf diese Weise können wir den alten Text aktualisieren und ihn mit den Fragen in Verbindung bringen, die uns heute beschäftigen.

1. Erde und Himmel

Gleich in den ersten Worten von Gen 1 und Gen 2 wird deutlich, wie unterschiedlich die Zielsetzung der beiden Teile der Schöpfungsgeschichte ist. Gen 1 spricht bei der Erschaffung der Welt von „Himmel und Erde", Gen 2 von „Erde und Himmel". Gen 2 sieht die Schöpfung ganz aus der Perspektive der Erde und damit des Menschen. Theoretisch sehen wir heute die Schöpfung aus der umfassenden kosmologischen Sicht, praktisch denken wir immer noch so wie in Gen 2. Der Himmel ist über uns, und vom Kosmos können wir nur das erkennen, was unsere irdischen oder erdnahen Beobachtungsmöglichkeiten hergeben. Und es ist auch wichtig, dass wir uns der Einmaligkeit der Erde bewusst werden, unabhängig von der Frage, ob es noch weitere „Erden" geben könnte. Gott hat die Erde dazu ausersehen, zum Ort des Lebens zu werden. Und „Erde und Himmel" macht deutlich, wie kostbar die Erde mit ihren lebenden Geschöpfen ist: eine Wohnung für Natur und Mensch in dieser sonst so unwirtlichen Welt. Man kann sich darüber streiten, wie es zur Entwicklung des Lebens gekommen ist, viel wichtiger aber ist es, den „Schatz“ zu hüten, der zur einzigen uns bekannten Heimat für das Leben geworden ist.

Wir versuchen heute deutlicher als früher, uns bewusst zu machen, dass wir *nur* die Erde als Ort für das Leben haben und leiten daraus unsere *globale Verantwortung* ab. Im Denken ist das logisch, in der Umsetzung aber ist es schwierig, denn der Gedanke von der Einheit des Planeten Erde ist für die meisten Menschen recht abstrakt und so weit von der eigenen Wirklichkeit entfernt, dass er kaum einen Motivationsschub auslöst. Die Schöpfungsbotschaft vermittelt uns eine zweite Motivation: Die Einheit des Planeten Erde ist nicht nur *gegeben,* sondern sie ist von Gott *erschaffen.* Die ökologischen Erkenntnisse sind schöpfungsgegeben und es gehört zur Handschrift des Schöpfers, dass alles mit allem zusammenhängt. Wenn wir heute unseren Energieverbrauch einschränken, damit die Inseln in der Südsee bewohnbar bleiben, retten wir nicht nur den Lebensraum von Menschen, sondern auch die „Gestalt der Erde“, die immer wieder vom Geist Gottes „erneuert“ wird. Dieser *creatio continua,* der fortwährenden Schöpfung, dürfen wir nicht durch unseren maßlosen Verbrauch der Ressourcen der Erde im Wege stehen.

2. Kunstwerk Mensch

Gott „formt“ den Menschen aus Erde, so wird in Gen 2 die Entstehung des Menschen beschrieben. *Jazar,* „formen“, ist ein spezieller Begriff für künstlerische Arbeit, vor allem für das Gestalten aus Ton. Der Mensch ist also ein *Kunstwerk* Gottes und wenn wir die Menschwerdung in Gen 1 und 2 vergleichen, können wir sehen, dass sich Gott mit der Erschaffung des Menschen viel Mühe gegeben hat. In unserer heutigen Ausdrucksweise könnten wir sagen: Jeder Mensch ist ein *Original* Gottes und keine *Reproduktion.* Und das stimmt ja auch im naturwissenschaftlichen Sinn, jedenfalls so lange, wie wir auf das Klonen von Menschen verzichten.

Das kunstvolle Formen des Menschen ist ein starkes Bild für die *Würde des Menschen,* die jedem Menschen zukommt, weil wir alle Geschöpfe Gottes sind. Und wir sind auch alles Originale Gottes, unabhängig von der Hautfarbe, dem Alter, dem Geschlecht, der Herkunft, als Behinderte wie als Nichtbehinderte und als Schwache wie als Starke. Gott ist nicht *weiß,* sondern *vielfarbig,* und so gibt er seinen Ebenbildern die unterschiedlichsten Hautfarben. Und Gott ist weder Mann noch Frau, sondern drückt sich in beiden Geschlechtern aus. Der Mensch als *Kunstwerk* Gottes ist das stärkste Argument für die Menschenwürde und weil jeder Mensch ein Original Gottes ist, kann es nur eine ungeteilte Menschenwürde geben, die jedem Menschen zukommt.

Was bedeutet es aber dann, dass der Mensch nicht aus Ton, sondern aus „Staub vom Erdboden" geformt ist? *Apar* wird in der hebräischen Bibel sonst nirgends als ein positiver Begriff gebraucht, sondern bezeichnet den Abfall und das Wertlose. Oft wird die negative Bedeutung von *apar* mit der Verfehlung des Menschen in Verbindung gebracht (Gen 3,19). Das Wort hat in der Erzählung von der Erschaffung des Menschen in Gen 2,7 aber eine positive Bedeutung, denn es ist das Baumaterial, aus dem der Mensch geschaffen wird. Was will uns das Bild also sagen?

1. Die Erschaffung des Menschen ist ein ganz besonderes *Wunder*. Jeder begabte Künstler könnte aus Ton eine Statue schaffen, aus Staub jedoch nicht. Der Mensch ist nicht nur ein Kunstwerk, weil ihn Gott geschaffen hat, sondern noch mehr deswegen, weil er aus einem Material entstanden ist, das niemand dazu hätte verwenden können – außer dem Schöpfer selbst.
2. *Staub* ist überall und er kann im Prinzip jedes auf der Erde vorkommende Element enthalten. Der Mensch ist also aus den Stoffen gemacht, aus denen die ganze Schöpfung besteht. Trotz seiner Erschaffung durch Gott gehört er der stofflichen Welt an, die aus dem Material besteht, das Gott für die Erschaffung aller Dinge benutzt hat, die existieren.
3. *Staub* ist ein Bild für Vergänglichkeit, dem Wind ausgesetzt und dem Zerfall unterworfen. Und deshalb nimmt Gen 3 diesen Gedanken auf, um dem Menschen seine Vergänglichkeit zu zeigen: „Staub bist du, zum Staub musst du zurück." Die Vergänglichkeit gehört zur Realität des Lebens und wir müssen uns immer wieder klarmachen, dass wir nicht über der Schöpfung stehen, sondern mit ihr im Werden und Vergehen verbunden sind.
4. Das *Kunstwerk Mensch* bedeutet also nicht, dass der Mensch nun absolut selbstständig ist – im Gegenteil: Er ist an zwei Stellen abhängig geblieben. Er gehört zur gesamten Schöpfung und ist damit Teil ihres Werdens und Vergehens. Und gleichzeitig hat er sein Menschsein aus den Händen Gottes erhalten, sodass er nur in der Beziehung zu seinem Schöpfer im Vollsinn *Mensch* ist.

3. Gottes Atem

Nun hat Gott in der Erzählung von Gen 2 nicht nur den Menschen aus Erde geformt, sondern auch die Tiere. Allerdings entstehen die Tiere nur durch einen „einstufigen“ Schöpfungsakt („formen“), während beim Menschen eine zweite Stufe hinzukommt: „... und blies in seine Nase den Lebensatem. So wurde der Mensch zu einem lebendigen Wesen.“ Der Atem Gottes bewirkt also das, was den Menschen vom Tier unterscheidet, und das ist der *Geist des Menschen.* Er befähigt uns zu denken, zu reflektieren, zu sprechen, in Worten zu kommunizieren und künstlerisch zu gestalten. Der Mensch kann sich selbst erkennen und aus seiner Selbsterkenntnis heraus individuell handeln. Seine Fähigkeit zur Selbststeuerung erlaubt ihm aber auch, sich von Gott abzuwenden und eigene Kategorien für sein Handeln zu suchen.

Hierin liegt nicht nur die Größe des Menschen, sondern auch seine Tragik. Es ist der Atem Gottes, der ihm den Geist geschenkt hat. Und damit ist das menschliche Denk- und Vorstellungsvermögen an den Schöpfer gebunden. Wenn sich nun der Mensch eine absolute Freiheit nimmt, kann er sich sowohl gegen die Schöpfung wie auch gegen sein *Geschaffensein* durch Gott stellen. Und das hat er von Anfang an getan, wie das Gen 3 in der Geschichte von der *Verführung* des Menschen erzählt. Es ist erstaunlich, dass Gott dem Menschen diese Freiheit nicht entzogen hat, als er sie missbrauchte, sondern trotzdem bereitsteht, ihm zu helfen, wenn er durch sein Handeln in Not gerät. Allerdings zeigt die Erzählung von der Verführung auch, dass der Mensch trotzdem die Folgen seines Handelns zu tragen hat. Und so steht die Fähigkeit des Menschen, sich von Gott zu lösen, wie ein „Damoklesschwert“ über unserer Gegenwart und Zukunft. Das Bild vom lebens- und geistspendenden Atem Gottes ist also eine dringende Aufforderung an den Menschen, sich in seinem Denken nicht von seinem Schöpfer zu lösen.

4. Im Garten Eden

Wenn wir den Garten Eden als Gleichnis ansehen, dann ist er ein Bild für das Leben im *Schalom.* Das Wort *schalom* ist mit *salam,* „genug haben“, verwandt und so bedeutet *schalom* nicht nur „Frieden“, sondern auch „Unversehrtheit“ und „Wohlergehen“. Der Garten Eden ist beides: ein Ausschnitt aus der Vielfalt der Schöpfung, von der Gott sagen kann, „es ist sehr gut", und ein Lebensraum, in dem der Mensch unversehrt und im Frieden leben kann. Zu diesem Schalom gehört nicht nur das äußere Glück, etwa die „köstlichen Früchte", sondern auch der unmittelbare Kontakt mit Gott, mit dem die Menschen reden können, und dessen Schritt sie hören, wenn er im Garten spazieren geht. Wir haben hier eine Parallele zur Erschaffung des Menschen: Dort waren es die Hände Gottes, die ihn formten, hier ist es das unbefangene gemeinsame Leben – mit Gott und mit seiner Schöpfung. *Eden* ist kein konkreter geografischer, sondern ein symbolischer Ort, denn *eden* heißt „Wonne".

Es ist ganz wichtig, dass wir den älteren Teil der Schöpfungserzählung nicht nur unter dem Gesichtspunkt der Verfehlung des Menschen sehen. Denn mit der Erzählung vom Garten Eden wird uns gezeigt, wie sich Gott das Leben des Menschen in und mit der Schöpfung vorgestellt hat. Der Mensch – und natürlich auch alle anderen Lebewesen – soll alles haben, was er braucht, und dazu eine integrierte Existenz in der Schöpfung und Sicherheit vor den äußeren Gefahren. Die inneren Gefahren aber bleiben, denn sie liegen in der Unsicherheit, die mit der Entscheidungsfreiheit des Menschen gegeben ist. Gerade heute ist es wichtig, sich klarzumachen, dass das Denken und Tun des Menschen ohne die Bindung an Gott höchst gefährlich ist. Und Gen 2–3 macht deutlich, dass die inneren Gefahren für den Menschen bestehen bleiben, auch wenn er in einem intensiven und unmittelbaren Kontakt zu Gott lebt. Das hat nicht nur die Erzählung von der Verführung des Menschen in Gen 3 gezeigt, sondern auch die Geschichte der Christenheit, die sich von der Verführung „Sollte Gott gesagt haben …" nie richtig lösen konnte.

Trotzdem darf das Bild des Schalom im Garten Eden, das für uns ein wichtiges Vorbild ist, nicht an den Rand gedrängt werden. Den Garten Eden *Paradies* zu nennen ist eine Frucht der griechischen Übersetzung der hebräischen Bibel, denn *paradeisos* ist eine Entlehnung aus dem Persischen und heißt *Lustgarten.* Hier vom Paradies zu sprechen hat aber durchaus seine theologische Berechtigung. So sagt der Prophet Jesaja: „Seine Wüste macht er wie Eden, seine Öde wie den Garten des Herrn. Freude und Fröhlichkeit findet man dort, Lobpreis und Klang von Liedern" (Jes 51,3). Zum Schalom gehört also Fröhlichkeit, Geselligkeit, Ausdruck der Freude in Musik und Bewegung – und das alles in der Gemeinschaft von Menschen und „unter den Augen Gottes". Auch in einer Welt, in die das Böse eingebrochen ist, können wir ein Stück Schalom erleben. Überall wo wir leben, innerhalb und außerhalb der christlichen Gemeinde, sollten wir versuchen, Lebensräume zu schaffen, in denen wir in einer unbefangenen Nähe zu Gott miteinander fröhlich sind und das Leben genießen.

5. Bebauen und bewahren

„Bebauen und bewahren" als Beschreibung eines sinnvollen Umgangs mit der Schöpfung ist zu einem geflügelten Wort geworden, durchaus mit Berechtigung, denn klarer und verständlicher kann man von *Nachhaltigkeit* kaum reden. Es gibt allerdings zwei Wege dazu. Der eine ist uns geläufig, denn zusammen mit allen Menschen guten Willens versuchen wir, durch naturwissenschaftlich begründete Einsichten herauszufinden, welcher Umgang mit der Natur zur Nachhaltigkeit führt. Ich muss also die Folgen meines Handelns erkennen lernen, bevor ich handle, weil ich so am besten den Weg finden kann, die Schöpfung zu bewahren.

Das ist aber nicht der einzige Weg, denn neben der rationalen Beziehung zur Schöpfung gibt es auch noch die Liebe zu ihr. Wer die Schönheit und Vielfalt der Schöpfung zu sehen gelernt hat und wer sich bewusst ist, dass sie von Gott geschaffen ist, wird *achtsam* mit ihr umgehen, sowohl mit Pflanzen, Tieren und Menschen als auch mit der Landschaft und ihren Bodenschätzen. Was uns am meisten fehlt, ist eine vertiefte Wahrnehmung der Grundidee von Gottes Schöpfung: Freiheit und Dauer zu verbinden. Die *Liebe zur Schöpfung* ist dabei die Motivation und der *Weg zur Nachhaltigkeit* die Arbeit, die mit ökologischem Wissen zu tun hat und ein gehöriges Maß an Selbstdisziplin fordert. Denn der Weg zur Nachhaltigkeit ist, wenn er konsequent gegangen wird, immer noch ein Weg gegen den Mainstream.

6. Vom Segen der Grenzen

Der Garten Eden ist ein Ort der Freiheit, und doch gibt es Grenzen. Nach der *großen Freigabe* („von allen Bäumen des Gartens darfst du essen") werden die Grenzen benannt: „… doch vom Baum der Erkenntnis von Gut und Böse darfst du nicht essen". Warum, wird nirgends gesagt, wohl aber, was bei einer Überschreitung der Grenze geschehen würde: „denn sobald du davon isst, wirst du sterben". Hier wird also deutlich: Es gibt kein Leben ohne Grenzen, und damit wird unser heutiges ökologisches Wissen als *genuin schöpfungsgemäß* eingestuft. Weder die Natur noch das Leben des Menschen ist ohne Grenzen. Wer dies als Grundsatz in sein Denken und Fühlen aufnimmt, kann Grenzen auch da anerkennen, wo er sie zunächst nicht versteht, vor allem dann, wenn sie von Gott gegeben sind.

Gott nennt also die Grenzen und die Folgen der Übertretung seines Gebots, aber er erklärt sie nicht. Er erwartet vom Menschen, dass er die Grenzen aus Vertrauen zu ihm nicht überschreitet. Geht es uns mit der komplexen und in vielen Bereichen noch unverstandenen Schöpfung nicht ähnlich? Wenn ein Forscher in einem experimentellen Grenzbereich arbeitet, wird er eine besondere Vorsicht walten lassen, weil er die Folgen seines Tuns nicht übersehen kann. In unserem Verhältnis zur Schöpfung aber lassen wir diese Vorsicht nur selten walten. Wir kümmern uns nur um den Ertrag, aber nicht um die Folgen: Wir spalten das Atom, ohne zu wissen, wo wir mit den Spaltprodukten hinsollen, wir bauen das Genom von Pflanzen und Tieren um, ohne zu wissen, welche Folgen das für die gesamte Natur hat, und wir nutzen unsere technische Macht schrankenlos aus und merken erst im Nachhinein, wenn es fast zu spät ist, welche Folgen das für das Klima oder die psychische Gesundheit des Menschen hat.

Es würde uns gut anstehen, gegenüber unserem Schöpfer und seiner Schöpfung eine größere *Demut* walten zu lassen, gerade da, wo wir an Grenzen stoßen, deren Bedeutung wir (noch) nicht verstehen. Die Bibel fordert uns zur *Ehrfurcht* vor Gott auf, und wenn wir die Natur als Schöpfung Gottes verstehen, sollte uns diese Ehrfurcht vor allem Geschaffenen helfen, vorsichtig und ohne Überheblichkeit vorzugehen, wenn wir in sie eingreifen.

7. Alleinsein

„Es ist nicht gut, dass der Mensch allein bleibt. Ich will ihm eine Hilfe machen, die ihm entspricht“ (Gen 2,18). Diese Aussage hat ein Jahrtausende altes Missverständnis ausgelöst. Denn unter dem Einfluss des Patriarchats ist *Hilfe* lange Zeit im Sinn von *Gehilfin* verstanden und auch so übersetzt worden, z.B. von Luther. Dazu schien auch zu passen, dass die Hilfe zunächst bei den Tieren gesucht wurde, die ebenfalls von Gott mit seinen eigenen Händen geformt wurden, allerdings ohne den menschlichen Geist zu besitzen. Ich habe in meiner Auslegung klargemacht, dass Gott den Umweg über die Tiere aus pädagogischen Gründen geht. Denn der Mensch sollte selbst erkennen können, was er braucht und was nicht genügt. Und so ging es auch aus: Der Mensch gab den Tieren ihren Namen, was bedeutete, dass sie von ihm in die Schöpfung eingeordnet wurden, wie es ihnen entsprach. Aber eine Hilfe für den Menschen wurde dabei nicht gefunden.

Das konnte auch nicht geschehen, denn Gen 2 gebraucht für „Hilfe" das Wort *esär.* Und weil *esär* ein Wort ist, das in der hebräischen Bibel fast nur für die „Hilfe Gottes" gebraucht wird, wird deutlich, dass keine *Gehilfin* gesucht wird, sondern eine „Hilfe als sein Gegenüber". Das *Gegenüber* zeigt, dass jemand gebraucht wird, der nicht nur irgendwie helfen kann, sondern fähig ist, mit dem Menschen auf der geistigen Ebene zu kommunizieren. Die Verwendung von *esär* zeigt das hohe Niveau, nach dem hier gesucht werden muss. Ein Tier konnte also nicht gefunden werden, sondern nur ein echtes Gegenüber für den Menschen. Trotz der langen Auslegungstradition im Sinne des Patriarchats zeigt schon der Bibeltext selbst: Der Mensch braucht keine *Gehilfin,* sondern eine *Partnerin.*

Es ist wichtig, dass wir hier festhalten: Die Abkehr vom *Patriarchat* (ohne beim Gegenteil, dem *Feminismus,* zu landen) ist keine Annäherung unserer Auslegung an den *Zeitgeist,* sondern ergibt sich aus dem Text selbst. Der Mensch soll nicht allein sein, aber die Gemeinschaft, die er braucht, ist keine irgendwie abgestufte *Hierarchie,* sondern eine Struktur im Sinne eines *sozialen Ökosystems.* Damit wird deutlich, dass die patriarchale Auslegung aus dem damaligen Zeitgeist erwachsen ist. Wenn wir allerdings aus der Vorherrschaft des Mannes eine Vorherrschaft der Frau machen, also das Patriarchat mit dem Feminismus austauschen, wechseln wir von einer alten Zeitgeist-Abhängigkeit nur in eine neue. Wir können heute einen freieren, unabhängigeren Blick dafür haben, was die Überwindung des Alleinseins für den Menschen bedeuten soll: eine partnerschaftliche Gemeinschaft auf der Ebene des von Gott ohne Einschränkungen erschaffenen Menschseins. Wie könnte der Mensch auch lernen, Gottes Partner im Sinne der *Gottesebenbildlichkeit* zu sein, wenn er in seiner eigenen Sozialisation kein partnerschaftliches Verhalten gelernt hat?

8. Die Entdeckung des Du

Der Mensch findet zu dieser Partnerschaft, indem Gott den bis dahin noch nicht geschlechtsspezifischen Menschen „teilt“, damit so die beiden Geschlechter entstehen können. Geteilt wird hier der geschlechtlich noch nicht ausgeprägte Mensch und nicht der Mann. Nach der Erschaffung der Frau aber können beide, Mann und Frau, den Status der *Gottesebenbildlichkeit* erhalten. Gen 1 und 2 entsprechen sich also in der Aussage, dass Gott den Menschen als „Mann und Frau“ schuf. So scheint sowohl in Gen 1 wie in Gen 2 eine partnerschaftliche Sicht im Verhältnis der Geschlechter durch, die gerade deswegen besonders bedeutsam ist, weil sie nicht mit der Lebenswirklichkeit der Zeit der Entstehung der Texte übereinstimmt. Und hier erhält der Umweg über die Prüfung der Tiere einen noch höheren Stellenwert: Das, was Menschen an Gemeinschaft brauchen, können Tiere nicht geben. Es braucht die beiden Geschlechter des Menschen, die zwar nicht *gleichartig* sind, aber absolut *gleichwertig*. Sie sind aufeinander bezogen und brauchen sich gegenseitig; und nur gemeinsam können sie zum Träger des Lebens werden, indem ihrer Gemeinschaft der *Segen der Vermehrung* gegeben ist.

Hier setzt nun eine große Tragik ein: Nach langen Kämpfen ist zumindest in den westlichen Industrienationen die Gleichberechtigung von Mann und Frau endlich gesetzlich verankert. Jetzt wäre es an der Zeit, sie im Miteinander der Geschlechter zu verwirklichen, indem man sie lebt. Wo müssen neue Formen der Berufstätigkeit gefunden werden? Wie kann unsere Gesellschaft kinderfreundlicher werden? Kann man die Erziehungsaufgabe der Familie besser mit jener der öffentlichen Hand vernetzen, ohne „Krippe“ und „Elternhaus“ gegeneinander auszuspielen? Wie können Wege aussehen, die Geschlechtsidentität von Mann und Frau so mit den modernen Rollenerwartungen zu verbinden, dass sie nicht verloren geht?

Stattdessen erobert eine Theorie Schritt um Schritt die „political correctness“ unseres Staates, die der Auflösung der beiden Geschlechter-Identitäten das Wort redet. Unter dem Stichwort *Gender-Mainstreaming*, das ursprünglich die „Geschlechter-Gerechtigkeit“ bezeichnen sollte, kommt es zur Theorie, die geschlechtliche Dimension des Menschen sei nur eine *kulturelle Konstruktion.* So könnte es heterosexuelle, bisexuelle und homosexuelle Menschen geben, dazu solche, die transgender, intersexuell oder „queer“ sind. Weil das angeborene Geschlecht nicht so wichtig sei, sollte sich jeder Mensch seine sexuelle Lebensweise selbst aussuchen.

Natürlich gibt es unklare geschlechtliche Identitäten, aber sie beziehen sich auf einzelne Menschen und können keineswegs eine so weitgehende Sexualtheorie begründen. Und wenn wir hier die Schöpfungsbotschaft der Bibel als Maßstab nehmen, ist das Ergebnis eindeutig: Das männliche und das weibliche Geschlecht gehören zum *Geschaffensein* des Menschen, und erst die *Komplementarität* der beiden Geschlechter ermöglicht dem Menschen, *Gottes Ebenbild* zu sein. So kann das Geschlecht als *kulturelle Konstruktion* mit der biblischen Schöpfungsbotschaft nicht in Einklang gebracht werden. Es ist nicht unsere Aufgabe als Christen, die Menschen, die anders leben wollen, auszugrenzen. Wogegen wir aber aufzustehen haben, ist der Versuch einer kleinen Gruppe, durch ihre Sexualtheorie die Gesellschaft „umzupolen". Denn das wird vor allem Kindern und Jugendlichen die Integration in ihr eigenes *biologisches Geschlecht* erschweren und Ehe und Familie weiter schwächen.

9. Ein Fleisch sein

Die Aussage über die Gemeinschaft von Mann und Frau steht historisch noch isolierter da: „Darum verlässt der Mann Vater und Mutter und bindet sich an seine Frau, und sie werden *ein* Fleisch." Hier wird eine Lebenswirklichkeit vorausgesetzt, die es in der antiken Welt – und noch lange danach – nicht gab. Denn Mann und Frau sind nach unserem Text selbstständige Persönlichkeiten, die sich aus freier Entscheidung aneinander binden und eine eigenständige Gemeinschaft bilden. *Ein Fleisch* werden bezieht sich nicht nur auf das sexuelle Miteinander, sondern auf eine Beziehung, die alle Lebensbereiche umfasst. Und schließlich zeigt der Begriff *dabaq* („ankleben", „festhalten"), dass es sich bei dieser Gemeinschaft um ein lebenslanges Zusammensein handelt, das nur durch einen Zerbruch mit entsprechenden Folgen getrennt werden kann.

Nun könnte man heute sagen: Jetzt ist das endlich möglich! Ja, eine moderne Ehe kann so aussehen, und es gibt ja auch viele Ehen und Familien, die nach diesem Prinzip gelebt werden. Aber gerade hier wird die Tragik der modernen Entwicklung ebenso deutlich wie beim vorigen Thema, der Erschaffung der beiden Geschlechter. Kaum hat die Geschichte in den christlich geprägten Ländern Ehe und Familie zu dem befreit, was sie schöpfungsgemäß sein sollen, gerät dieses Lebensmodell in höchste Bedrängnis. Das Ziel einer lebenslangen Beziehung in Liebe und Verantwortung steht zwar immer noch vielen Menschen vor Augen, wenn sie heiraten, trotzdem zerbrechen die Ehen immer häufiger.

Und was noch tief greifender ist: Die Ehe als lebenslange Beziehung zwischen einem Mann und einer Frau ist im Mainstream der Gesellschaft nur noch eine von vielen Möglichkeiten und zudem diejenige, die immer mehr an Strahlkraft verliert. Man kann ohne Trauschein zusammenleben, man geht von vornherein nur eine zeitlich begrenzte Partnerschaft ein, man lebt mit einem Menschen des eigenen Geschlechts zusammen oder verzichtet ganz auf Bindungen zugunsten wechselnder Partner. Wenn man das lebenslange Zusammenleben eines Mannes und einer Frau und die Bildung einer Familie mit Kindern aus dieser Beziehung meint, muss man heute schon von der „traditionellen" Ehe und Familie sprechen.

Und so sind wir heute in der Situation, dass das biblische Bild der Ehe im 21. Jahrhundert ebenso unzeitgemäß wirkt wie zur Zeit der Entstehung der Schöpfungsgeschichte. Der Satz in Gen 2,24 steht damals wie heute wie ein „erratischer Block" mitten im ständigen Fluss der Geschichte menschlicher Beziehungen, an dem sich die Strudel des Mainstreams brechen. Allerdings waren Ehe und Familie immer gefährdet, und das Miteinander der Geschlechter entsprach häufig nicht dem, was es schöpfungsgemäß hätte sein sollen. Und so gilt auch hier das Bild des *Polarsterns:* Als Menschen, welche die Schöpfungsbotschaft der Bibel achten, wissen wir, wie Ehe und Familie vom Schöpfer gedacht sind. Und gleichzeitig sehen wir, wie oft wir dem nicht gerecht werden können, was Gott bei seiner Schöpfung gemeint hat.

In all diesen ethischen Fragen müssen wir uns gleichzeitig auf zwei Ebenen bewegen: Es gilt, die biblischen Zielsetzungen und den Sinn der Schöpfung ohne Verwässerung durch den Zeitgeist darzustellen. Das bedeutet, dass wir darum kämpfen müssen, dass der Freiraum für unsere Verkündigung im Rahmen der Religionsfreiheit nicht angegriffen wird. Denn das ist ja gerade der Sinn von Religionsfreiheit und Minderheitenschutz. Und die Entwicklung geht dahin, dass die Verkündigung der biblischen Botschaft zunehmend einen Minderheitenschutz braucht. Das sollte auf der anderen Ebene aber nicht zur Ausgrenzung führen, weder im kirchlichen Bereich noch in der Gesellschaft. Denn es geht hier um das Zeugnis eines schöpfungsgemäßen Lebens und nicht um Verbote, weder in die eine noch in die andere Richtung.

Schwierige Fragen entstehen, wenn Menschen Wege, die biblisch nicht verantwortet werden können, bewusst und vielleicht auch in provozierender Weise gehen wollen, wie es beispielsweise bei Homosexualität und Genderfragen oft geschieht. Das darf uns in unserer biblisch orientierten Verkündigung nicht beirren, auch wenn wir die Gemeinschaft mit Menschen, die andere Wege gehen, nicht aufkündigen.

10. Kinder im 21. Jahrhundert

Das „Ein-Fleisch-Sein" zeigt sich bei einem Paar am deutlichsten im gemeinsamen Kind, und jedes Kind ist gleichzeitig ein Baustein für die Vielfalt der Schöpfung. Weil der Mensch viel größere Möglichkeiten besitzt als alle anderen Geschöpfe, sich zu seiner von Genom und Umwelt mit geprägter Individualität zu entwickeln, ist die Vielfalt beim Menschen in besonderer Weise gegeben und auch notwendig. Gleichzeitig ist der Mensch aber ein Geschöpf, das lange Zeit von anderen Menschen abhängig ist, ehe es allein leben kann. Der Raum für das Aufwachsen des Kindes ist in der Menschheitsgeschichte vorzugsweise das Elternhaus gewesen, und alle Versuche, das Aufwachsen eines Kindes zu „sozialisieren", also von der Autorität der Eltern in die Autorität der „öffentlichen Hand" zu überführen, sind mehr oder weniger deutlich gescheitert.

Nun zeigt sich gerade heute eine weitere unglückliche Entwicklung zu einer „political correctness", die der Gesellschaft glaubhaft machen will, öffentliche Einrichtungen wie Kinderkrippen, Kindergärten und Schulen seien dem Elternhaus im Erziehungsauftrag überlegen. Begründet wird das mit dem Scheitern von Familienerziehung und dem zu späten Einsetzen einer schulisch orientierten Bildung. Natürlich scheitern Familien immer wieder bei der Kindererziehung, aber einerseits sind das Erfahrungen mit einer Minderheit der Eltern und andererseits gibt es keine relevanten Aussagen darüber, wie oft die öffentlichen Einrichtungen an derselben Aufgabe scheitern. Zudem konzentriert sich die gewünschte frühkindliche Bildung fast ausschließlich auf „technische Fertigkeiten" wie Sprache und Mathematik, aber kaum auf das, was man früher „Herzensbildung" nannte – wozu ja auch das Elternhaus viel bessere Möglichkeiten bietet als öffentliche Einrichtungen.

Der biblische Maßstab bindet das Kind ganz eindeutig an die Familie, denn sein Aufwachsen ist in dem „Ein-Fleisch-Sein" integriert. Das bedeutet aber keine Abwertung der öffentlichen Bildungseinrichtungen, die allerdings in unterschiedlicher Weise zu gebrauchen sind. Die Schule ist die unverzichtbare zweite Ebene der Bildung, denn den heutigen Schulstoff können Eltern nicht vermitteln. Beim Kindergarten scheint es mir eine Frage der individuellen Situation zu sein, ob diese Ergänzung sinnvoll ist. Und bei der frühkindlichen Erziehung halte ich die öffentlichen Einrichtungen nur für notwendig, wenn es in der Familie eine entsprechende Erziehungs- und Bildungsproblematik gibt oder es die Berufstätigkeit der Eltern dringend erfordert. Eine konzentrierte und bedürfnisorientierte Unterstützung der Familie halte ich für wichtiger als einen überhasteten Ausbau der Krippen. Die Schöpfungsbotschaft der Bibel redet einer „Sozialisierung" des Erziehungsauftrags der Familie jedenfalls nicht das Wort.

11. Misstrauen gegen Gottes Gebot

Die Erzählung von der Verführung des Menschen hat, wie die anderen Szenen in Gen 2–3 auch, einen gleichnishaften Charakter. Außerdem wird sie so ausführlich erzählt, dass sie uns offensichtlich warnen will, der gleichen Verführung zum Opfer zu fallen wie Adam und Eva. Der Ausgangspunkt ist klar: Gott schafft für den Menschen einen Lebensraum, der ihm alles gibt, was er braucht. Und dieser Lebensraum hat Grenzen, die Gott dem Menschen nennt, ihm aber nicht erklärt, warum es diese Grenzen gibt. Denn das würde der Mensch in dem Entwicklungszustand, wie ihn die Geschichte vom Garten Eden vermittelt, wohl auch nicht verstehen. Es wird ihm aber gesagt, welche Folgen die Übertretung des Gebots haben würde. Ebenso klar ist es, wo die Verführung ansetzt: Sie zieht die Fürsorge Gottes in Zweifel und ersetzt das Bild vom barmherzigen Gott durch das eines „kleinkrämerischen" Gottes, der den Menschen kleinhalten will und ihm keine Entwicklung gönnt. Das Gefährliche an dieser Art der Verführung ist die Verdrehung der Motivation: aus dem Gott der *Fürsorge* wird ein Gott der *Missgunst*.

Gleichzeitig zeigt unser Text, dass der Mensch zur Freiheit geschaffen und berufen ist. Und hier geht Gott ein Risiko ein, das im Grunde auch heute noch besteht. Der Mensch kann sich frei entscheiden, die Grenzen, die Gott aufzeigt, zu missachten. Unser Text erzählt, dass die Menschen die verbotenen Früchte pflücken und essen können, ohne dass sie Gott daran hindert. Und Gott wird nicht als Aufpasser geschildert, sondern als Partner, der am Abend im Garten spazieren geht und die Menschen treffen will. Gott vertraut also dem Menschen, obwohl er weiß, dass der Mensch dieses Vertrauen missbrauchen kann. Das sehen wir schon in Gen 1, wo Gott ein *beratendes Selbstgespräch* führt, weil er sich des Risikos bewusst ist, einen Menschen zu erschaffen, der sich selbst steuern kann.

Erschwerend für dieses Vertrauensverhältnis und erleichternd für die Verführung kommt hinzu, dass das, was dem Menschen hier verwehrt wird, eigentlich sinnvoll ist: die *Erkenntnis von Gut und Böse.* Wir können nur vermuten, dass die Erkenntnis zu dem Zeitpunkt, als sie sich der Mensch gegen Gottes Gebot einfach *nahm,* zu früh kam oder eine Begrenzung gebraucht hätte. Denn die weiteren Erzählungen, angefangen vom Brudermord an Abel, zeigen, dass die Erkenntnis von Gut und Böse noch lange nicht bedeutet, dass man das Böse vermeiden kann. Auf jeden Fall bringt sich der Mensch durch die Übertretung des Gebotes Gottes in eine Lage, der er nicht gewachsen ist.

12. Die Verführung im 21. Jahrhundert

Was hat uns die Erzählung von der Verführung des Menschen aus Gen 3 zu sagen, wenn wir sie bis ins 21. Jahrhundert weiterdenken und auf die großen geistigen Entwicklungen anwenden?

Während bis zum Beginn der Aufklärung im „Christlichen Abendland" – zumindest formal – der Glaube an einen Schöpfer bestimmend war, schob sich in der Zeit ab dem 17. Jahrhundert allmählich die *menschliche Vernunft* an die Stelle Gottes. Sie wurde zum Maß aller Dinge, und damit musste sie sich mangels eines anderen Maßstabs auch selbst korrigieren. Dies ist ihr bis heute nur sehr ungenügend gelungen. So fehlt heute ein Maßstab „von außerhalb", eine *metaphysische* Korrektur, die in der Lage sein könnte, die menschliche Vernunft mit ihren wissenschaftlichen und technischen Erfolgen da zu begrenzen, wo es um der Schöpfung willen erforderlich wäre.

Damit will ich die Fortschritte durch die Freisetzung der Vernunft überhaupt nicht kleinreden. Denn das neue Maß an Freiheit, im Denken wie im Lebensvollzug der Gesellschaft, führte an vielen Stellen zu positiven Aufbrüchen: in der Entwicklung der Wissenschaft und Technik, in der Entstehung demokratisch verfasster Staaten, in der Emanzipation der Frau und im Versuch, eine globale Übereinstimmung in der Festlegung unaufgebbarer Menschenrechte zu finden. Und es darf ebenso wenig verschwiegen werden, dass dieser Fortschritt – zumindest teilweise – den christlichen Kirchen abgerungen werden musste, obwohl Freiheit, Demokratie und Menschenrechte eigentlich tief im christlichen Menschenbild verwurzelt sind.

Diese emanzipatorische Entwicklung ist allerdings inzwischen weit „über das Ziel hinausgeschossen" und hat immer stärker einen „Zauberlehrlings-Charakter" angenommen: „Die ich rief, die Geister, werd' ich nun nicht los." Schon in der Ballade von Goethe wird eine gewisse Skepsis am Autonomiestreben des Menschen zum Ausdruck gebracht. Umso mehr heute: Denn die Geister der wissenschaftlich-technischen Entwicklung, die man „rief", wird man nicht wieder los. Im Unterschied zur Ballade taucht aber heute kein „Meister" auf, der den Zauberlehrling zur Räson bringen könnte. So kann sich die freigesetzte Vernunft des Menschen nur selbst begrenzen, und die Geschichte zeigt immer aufs Neue, wie schwer ihr das fällt. Die gefährlichsten Grenzüberschreitungen sind schon genannt worden: die Freisetzung der *Kernenergie,* die Manipulation am *Genom,* die absolute Herrschaft der *digitalen Welt* und die Ersetzung von gesellschaftlichen Werten durch eine schrankenlose Individualität.

Eine biblisch begründete Schöpfungsethik hat hier einen schweren Stand, obwohl ja auch gesellschaftlich motivierte Strömungen wie die Umweltbewegung und die Initiativen für globale Gerechtigkeit in eine ähnliche Richtung zeigen. Denn es müsste nicht weniger gelingen als eine tief greifende, jahrhundertealte Entwicklung einer grundlegenden Reformation zu unterziehen. Zweierlei Hoffnungen begleiten mich dabei: Die Anzahl der Menschen, die „mit Ernst Christen sein wollen", ist weltweit gesehen groß genug, um solche Veränderungen zu bewirken. Dabei müsste die Christenheit allerdings zumindest in diesem Bereich ihre Spaltungen überwinden, um mit einer Stimme sprechen zu können. Und außerdem müssten wir als Christen begreifen, dass es nicht genügt, ein frommes, beschauliches Leben zu führen, sondern die Mission des christlichen Glaubens zu erfüllen: Menschen zum Glauben an Jesus Christus zu rufen und einen Lebensstil der Nachfolge Christi zu führen, der dem Wesen der Schöpfung und ihrer Ethik gerecht wird. Das ist schwer, aber nicht unmöglich, und so zeigt es sich, dass es auch heute Wege geben kann, die wieder zurück zur Schöpfung und zum Menschen führen.

13. Der Realität begegnen

Die „Strafsprüche“ in Gen 3 sind keine eigentlichen Strafen, sondern beschreiben die Realität, in die sich der Mensch durch die Übertretung des göttlichen Gebots selbst hineinmanövriert hat. In den „Strafsprüchen“ hat Gott hat dem Menschen die neue Realität gezeigt, denn nur derjenige, der seine Lebenssituation ungeschönt erkennt, kann sich darauf einstellen. Die Einzelheiten dieser „Strafsprüche“ sind heute kaum noch relevant, weil wir in einer völlig anderen Welt leben, die Grundbedeutung dieser gleichnishaften Bilder dagegen ist zeitlos und daher für uns ebenso wichtig wie für die Menschen in der antiken Welt. Ich will also versuchen, auch den Inhalt der „Strafsprüche“ so *weiterzudenken*, dass er die Realität unseres heutigen Lebens erreicht.

1. Wilde Tiere bedrohen uns kaum noch, dafür hat sich das Problem um 180 Grad gedreht, denn heute werden die Tiere durch das „wilde“ Besitzstreben des Menschen bedroht. Eigentlich hat die Natur in den Ballungszentren der Welt und haben die Tiere in der industrialisierten Massentierhaltung den Kampf um ihre Existenz und ihre Würde bereits verloren. Um im Bild von der „Schlange und der Frau“ zu bleiben: Der Mensch wird nicht mehr gebissen, aber die Schlange wird umso mehr getreten. So geht es heute nicht mehr um den Kampf gegen die Tiere, sondern um den Erhalt der Schöpfung gegen die technische Macht des Menschen.
2. Mann und Frau sind heute von vielen äußeren Zwängen befreit. Ehepartner können sich durch Liebe und eine freie Entscheidung aneinander binden und miteinander eine eigene Existenz und einen geschützten Raum für ihre Familie aufbauen. Das gilt allerdings nur für die Menschen der „ersten Welt“, und auch nur für diejenigen, die in unseren reichen Industrienationen nicht in die Armut abgerutscht sind. Dass unser Reichtum und unsere Zivilisation nur einen Teil des Lebens berühren, sehen wir daran, dass auch in den Ländern der „ersten Welt“ viele Ehen zerbrechen und immer mehr Kinder in keinem würdigen Lebensraum aufwachsen können. Es scheint der Rückgang von Werten wie Treue, Gemeinnutz und Sensibilität für den anderen zu sein, der eine *technisch entwickelte* Zivilisation zu einer *menschlich kalten Welt* werden lässt. Auf dem *Weg zum Menschen* ist die Frage der *Werte* zu einer Überlebensfrage geworden.

3. Disteln und Dornen stören uns heute weniger, die Arbeit ist aber nur körperlich leichter geworden. Während früher auch bei uns Menschen verhungerten, weil die Nahrung nicht ausreichte, sterben wir heute innerlich am „Burn-out“. Und weil die Arbeitswelt zu einem zentralen Beispiel der sich immer weiter öffnenden Schere zwischen Arm und Reich geworden ist, geht die Erleichterung der Arbeit im Machtkampf der Gewinner und Verlierer weitgehend unter. Noch deutlicher zeigt sich das im globalen Maßstab, denn unser westlicher Lebensstandard ist in der jetzt gelebten Weise nur durch menschenunwürdige Lebens- und Arbeitsbedingungen in der Zweidrittelwelt zu erreichen. Es ist an der Zeit, die Arbeitswelt als einen der Bereiche wahrzunehmen, in denen die Wege zur Schöpfung und zum Menschen so blockiert werden, dass die Schöpfung in ihrer Substanz und der Mensch in seiner seelischen Gesundheit existenziell bedroht ist.

14. Hoffnungsanteile

Eigentlich endet die Schöpfungsgeschichte ziemlich tragisch, und doch können wir die *Hoffnungsanteile* erkennen, die dafür verantwortlich sind, dass die Menschheit nicht untergegangen ist und das Leben – trotz allem – lebenswert ist. Da ist zunächst einmal die unmittelbare Hilfe Gottes: Er macht den Menschen Kleider und zeigt ihnen damit, wie man sich selbst helfen kann, „außerhalb des Paradieses“ zu überleben. Ab Gen 4 wird die weitere Entwicklung der Menschheit angedeutet: Der Mensch entwickelt den Ackerbau und die Viehzucht, er benutzt die Bodenschätze der Erde, um Eisen und andere Werkstoffe herzustellen, und er erfüllt sein Leben mit Musik und anderen Formen der Kunst (Gen 4,19-22). Wenn wir die Geschichte der Menschheit anschauen, erkennen wir immer wieder, dass der Mensch an der Aufgabe, das Leben in seinen äußeren Bedingungen zu meistern, eher selten scheitert. Und heute haben die technischen Möglichkeiten die Aufgabe, die Mühsal des Lebens zu überwinden, eher schon „übererfüllt“.

Wenn der Mensch scheitert, dann an sich selbst, an den Problemen von Machtmissbrauch, Beziehungselend, Ungerechtigkeit und Krieg – alles Verhaltensweisen, die nur den eigenen Bezugspunkt sehen, aber nicht mehr das Ganze der Menschheit und der Schöpfung. So beginnt die *Urgeschichte* nach der Austreibung aus dem Paradies mit der Erzählung von Kain und Abel und damit mit dem ersten Mord. Und so geht es weiter, bis Gott das folgende Fazit zieht: „Der Herr sah, dass auf der Erde die Schlechtigkeit des Menschen zunahm und dass alles Sinnen und Trachten seines Herzens immer nur böse war" (Gen 6,5). Gott versucht durch die Sintflut einen neuen Anfang und obwohl sich die Entwicklung zum Bösen wiederholt, gibt Gott der Erde und der Menschheit die Garantie eines dauerhaften Bestehens.

Weil sich das Böse im Menschen nicht überwinden lässt, gibt es danach andere Hoffnungszeichen. Gott vermittelt dem Volk Israel in der *Thora* eine Rahmenordnung, die dem Menschen helfen soll, in Gerechtigkeit und Frieden zu leben. Und als sich zeigt, dass es dem Volk Israel nur sehr unvollkommen gelingt, nach der *Thora* zu leben, werden immer wieder *Propheten* berufen, um die Menschen an die Lebensordnung Gottes zu erinnern und ihnen klarzumachen, dass auf die Übertretung der Gebote das Gericht folgt. Die ganze Hilfe Gottes ist schließlich in dem Versöhnungsangebot zusammengefasst, das Gott den Menschen durch Jesus Christus gemacht hat. Und dieses Angebot gilt bis heute, obwohl auch die Geschichte der Christenheit gezeigt hat, dass es trotz der *Erkenntnis von Gut und Böse* noch lange nicht ausgemacht ist, dass der Mensch das Böse überwinden und das Gute tun kann.

Wir leben also in einer Zeit, in der wir aufgerufen sind, uns im Namen Gottes nach dem Guten auszurichten: „Meidet das Böse in jeder Gestalt!" (1 Thess 5,22). Wir wissen heute, dass sich „Gut und Böse" nicht nur auf persönliches oder politisches Verhalten bezieht, sondern seit der technischen Revolution auch auf unseren Umgang mit der Schöpfung. Weil der Mensch heute die Schöpfung zerstören kann, ist er aufgerufen, sie zu bewahren, indem er schöpfungsgemäß lebt und handelt. Und dabei bleibt die Frage, die gleichzeitig eine Motivation sein kann, bestehen: „Wie gehen durch Christus *versöhnte* Menschen *versöhnt* mit der Schöpfung um?"

Nachwort

Viele Leser wünschen sich am Ende eines solchen Buches, dass der Autor „den Sack zubindet". Das würde in unserem Fall bedeuten, eine *Lebensregel* aufzustellen, die uns sagt, was man tun soll und was nicht. Ich will den Sack allerdings nicht zubinden und dies aus zwei Gründen: Einmal hat die Schöpfungsgeschichte so viele Anregungen und Hinweise für das schöpfungsgemäße Leben vermittelt, dass sie keineswegs in einen „Sack", sprich in eine zusammenfassende Lebensregel passen würden. Zum anderen würde das zu einer unangemessenen Pauschalisierung und Vergröberung führen. Stattdessen möchte ich einige kurze Akzente setzen, die allen denen helfen können, die sich (erneut) auf den *Weg zur Schöpfung* begeben wollen.

1. Jeder braucht dazu eine Grundorientierung: Wo stehe ich? In welchem gesellschaftlichen Mainstream befinde ich mich? Wo bin ich besonders weit weg von einem schöpfungsgemäßen Lebensstil? Aber auch positiv: Wo bin ich bereits auf dem Weg, wo kann ich an bisherige Erfahrungen anknüpfen und wo gibt es Weggenossen, mit denen ich mich zusammentun kann?
2. Wir brauchen ein weites Gottesbild, das ich hier trinitarisch akzentuieren will. Gott ist der Schöpfer, der alles für das Leben bereitgestellt hat. Jesus Christus befreit uns aus dem Leben der *Gottesferne* und hilft uns dadurch, ein Leben der *Schöpfungsnähe* zu führen. Und der Heilige Geist ist der Impulsgeber, der uns hilft, als Menschen, die schöpfungsgemäß leben wollen, auf dem Weg der Gottes- und der Schöpfungsnähe zu bleiben.
3. Wir können selbst nur kleine Schritte gehen, werden aber trotzdem etwas verändern, wenn wir auf dem Weg bleiben und uns mit denen zusammentun, die dasselbe Ziel haben. Was wir brauchen, ist eine Bewegung „Christen für die Schöpfung", die diejenigen zusammenschließt, die aus Liebe zu Gott die Schöpfung bewahren wollen und die mit all denen zusammenarbeitet, die in diesem Ziel übereinstimmen.

Eine letzte Frage wäre zu beantworten: Kann man eigentlich einem Buch wie diesem den Titel „... und es war sehr gut" geben?

Man kann es nicht nur, sondern man sollte es tun. Denn das Einzige, was uns wirklich motivieren kann, die Schöpfung zu bewahren, ist ihr Wert und ihre Qualität. Weil Gottes Schöpfung gut ist, lohnt es sich, den Weg zu ihr zurückzufinden. Und weil er sich in ihr zum Ausdruck gebracht hat, wird uns Gott größer werden, wenn wir ihn als Schöpfer begreifen, und das Gute an seiner Schöpfung wird uns helfen, in das Lob des Schöpfers einzustimmen und jeden Tag als einen Tag in Gottes Schöpfung zu verstehen:

Den Menschen heißt am Morgen
er an das Tagwerk gehn,
lässt ihn in Plag und Sorgen
das Werk der Allmacht sehn.
Er ist der treue Hüter,
wacht über Meer und Land,
die Erd ist voll der Güter
und Gaben seiner Hand.
(Martha Müller-Zitzke, 1947)

Literaturverzeichnis

ACHTNER, Wolfgang: *Die Chaostheorie. Geschichte, Gestalt, Rezeption.* EZW-Texte 135/1997.

AICHELIN, Helmut und LIEDKE, Gerhard (Hg): *Naturwissenschaft und Theologie. Texte und Kommentare*, Neukirchen-Vluyn 1974.

ALEXANDER, Denis R.: *Die Beziehung zwischen Naturwissenschaft und Religion – Vier Modelle*, Faraday Paper Nr. 3.

AURELIUS, Erik: *„Du bist der Mann". Zum Charakter biblischer Texte*, Göttingen 2004.

BARTH, Karl: *Kirchliche Dogmatik*, 3. Band: *Die Lehre von der Schöpfung*, 1. Teil, Zollikon-Zürich 1945.

BEDFORD-STROHM, Heinrich: *Schöpfung*. Bensheimer Hefte 96, Göttingen 2001.

BERGER, Klaus: *Hermeneutik des Neuen Testaments*, Tübingen 1999.

BETTEX, Frederic: *Das erste Blatt der Bibel*, Stuttgart 1906.

BINDEMANN, Walther: *Die Hoffnung der Schöpfung. Römer 8,18-27 und die Frage einer Theologie der Befreiung von Mensch und Natur*, Neukirchen-Vluyn 1983.

BOJOWALD, Martin: *Zurück vor den Urknall. Die ganze Geschichte des Universums*, Frankfurt am Main 2010.

BOMMERT, Wilfried: *Kein Brot für die Welt. Die Zukunft der Welternährung*, München 2009.

BONHOEFFER, Dietrich: *Schöpfung und Fall*, München 1955.

BRÄUMER, Hansjörg: *Das erste Buch Mose Kapitel 1–11*, Wuppertal 1991, 3. Aufl.

BUBER, Martin und ROSENZWEIG, Franz: *Die fünf Bücher der Weisung*, Stuttgart 1992.

BULTMANN, Rudolf: *Jesus Christus und die Mythologie. Das Neue Testament im Licht der Bibelkritik*, Hamburg 1964.

BUTLER, Judith: *Das Unbehagen der Geschlechter*, Frankfurt am Main 1992.

CASSUTO, U. A.: *A Commentary on the Book of Genesis*, Part I. *From Adam to Noah*, Jerusalem 1972, 2. Aufl.

DARWIN, Charles: *Über die Entstehung der Arten durch natürliche Zuchtwahl*, Neuausgabe Hamburg 2008.

DAVIES, Paul und GRIBBIN, John: *Auf dem Weg zur Weltformel. Superstrings, Chaos, Komplexität*, München 1995.

Dawkins, Richard: *Der blinde Uhrmacher. Ein neues Plädoyer für den Darwinismus*, München 1987.

Dawkins, Richard: *Der Gotteswahn*, Berlin 2008.

Delitzsch, Franz: *Neuer Kommentar über die Genesis*, Leipzig 1887.

Diefenbacher, Hans: *Gerechtigkeit und Nachhaltigkeit. Zum Verhältnis von Ethik und Ökonomie*, Darmstadt 2001.

Dreytza, Manfred: *Der theologische Gebrauch von RUAH im Alten Testament. Eine wort- und satzsemantische Studie*, Gießen 1990.

Drossel, Barbara: *Die Evolution und der Designer*, in: *Materialdienst der EZW* 2/15.

Drossel, Barbara: *Und Augustinus traute dem Verstand. Warum Naturwissenschaft und Glaube keine Gegensätze sind*, Gießen 2013.

Duchrow, Ulrich und Liedke, Gerhard: *Schalom. Der Schöpfung Befreiung, den Menschen Gerechtigkeit, den Völkern Frieden*, Stuttgart 1987.

Dürr, Meyer-Abich, Mutschler, Pannenberg, Wuketits: *Gott, der Mensch und die Wissenschaft*, Augsburg 1997.

Eppler, Erhard: *Wege aus der Gefahr*, Reinbek 1981.

Gérardin, Lucien: *Natur als Vorbild. Die Entdeckung der Bionik*, Frankfurt am Main 1972.

Gish, Duane T.: *Fossilien und Evolution. Fakten hundert Jahre nach Darwin*, Neuhausen-Stuttgart 1982.

Gitt, Werner: *Das biblische Zeugnis der Schöpfung*, Neuhausen-Stuttgart 1990, 3. Aufl.

Gore, Al: *Wege zum Gleichgewicht. Ein Marshallplan für die Erde*, Frankfurt am Main 1992.

Grossmann, Siegfried: *Aufbruch in Gottes Zukunft. Die Endzeitrede Jesu und die Herausforderungen des 21. Jahrhunderts*, Gießen 2011.

Grossmann, Siegfried: *Christen in der Welt von morgen*, Schloss Craheim 1969.

Grossmann, Siegfried: *Hoffnung gewinnen. Glauben und Leben in der Jahrtausendkrise*, Wuppertal und Kassel 1986.

Grossmann, Siegfried: *Ich möchte hören, was du sagst. Beten als Gespräch mit Gott*, Gießen 2014, 5. Aufl.

Grossmann, Siegfried: *Über die Gaben des Geistes möchte ich euch nicht in Unkenntnis lassen. Eine Auslegung von 1. Kor. 12–14*, Clausthal-Zellerfeld 2015.

Hawking, Stephen W.: *Eine kurze Geschichte der Zeit. Die Suche nach der Urkraft des Universums*, Reinbek 1991.

HEIM, Karl: *Weltschöpfung und Weltende*, Hamburg 1952.
HEINZE, Thomas F.: *Schöpfung contra Evolution*, Berlin 1974.
HEMMINGER, Hansjörg: *Kreationismus: Wie man die Wissenschaft ruiniert*, in: *Materialdienst der EZW* 8/14.
HEMMINGER, Hansjörg: *Und Gott schuf Darwins Welt. Der Streit um Kreationismus, Evolution und Intelligentes Design*, Gießen 2009.
HEMPELMANN, Reinhard: *Atheistische Weltdeutungen. Herausforderungen für Kirche und Gesellschaft*, EZW-Texte 232.
HEMPELMANN, Reinhard: *Christlicher Schöpfungsglaube und Kreationismus*, in: *Materialdienst der EZW* 12/14.
HÜTTERMANN Aloys P. und Aloys H.: *Am Anfang war die Ökologie. Naturverständnis im Alten Testament*, Freiburg im Breisgau 2004.
IFF, Markus: *Menschsein in Differenz. Systematisch-theologische Perspektiven zum Geschlechterverhältnis und den Genderstudien*, in: *Theologisches Gespräch* 1/2013.
ILLIES, Joachim: *Der Jahrhundert-Irrtum. Würdigung und Kritik des Darwinismus*, Frankfurt am Main 1983.
Jahrbuch für Biblische Theologie Band 5: *Schöpfung und Neuschöpfung*, Neukirchen-Vluyn 1990.
JONAS, Hans: *Das Prinzip Verantwortung. Versuch einer Ethik für die technologische Zivilisation*, Frankfurt am Main 1979.
JUNGK, Robert: *Der Atomstaat. Vom Fortschritt in die Unmenschlichkeit*, München 1977.
JUNGK, Robert: *Der Jahrtausendmensch. Bericht aus den Werkstätten der neuen Gesellschaft*, München 1973.
JUNKER, Reinhard und SCHERER, Siegfried: *Evolution. Ein kritisches Lehrbuch*, Gießen 1998, 4. Aufl.
KAISER, Philipp und PETERS, D. Stefan (Hg.): *Evolutionstheorie und ethische Fragestellungen*, Regensburg 1981.
KLAIBER, Walter: *Schöpfung. Urgeschichte und Gegenwart*, Göttingen 2005.
KLENK, Dominik (Hg.): *Gender Mainstreaming. Das Ende von Mann und Frau?*, Gießen 2009.
KNOCH, Otto: *Wer Ohren hat, der höre. Die Botschaft der Gleichnisse Jesu*, Stuttgart 1983.
KOTTHAUS, Jochem: *Propheten des Aberglaubens. Der deutsche Kreationismus zwischen Mystizismus und Pseudowissenschaft*, Münster 2003.
KREEB, Karl-Heinz: *Ökologie und menschliche Umwelt. Geschichte, Bedeutung, Zukunftsaspekte*, Stuttgart 1979.

Krolzik, Udo: *Umweltkrise – Folge des Christentums?*, Stuttgart 1979.

Küng, Hans: *Der Anfang aller Dinge. Naturwissenschaft und Religion*, München 2005.

Küng, Hans: *Existiert Gott? Antwort auf die Gottesfrage der Neuzeit*, München 1978.

Latif, Mojib: *Klima*, Frankfurt am Main 2006.

Leggewie, Claus und Welzer, Harald: *Das Ende der Welt, wie wir sie kannten. Klima, Zukunft und die Chance der Demokratie*, Frankfurt am Main 2009.

Lennox, John: *Sieben Tage, das Universum und Gott. Was Wissenschaft und Bibel über den Ursprung der Welt sagen*, Witten 2014.

Liedke, Gerhard: *Im Bauch des Fisches. Ökologische Theologie*, Stuttgart 1979.

Lüttge, Ulrich und Mayer, Eberhard: *Natur und Geist. Konfliktgeschichte und Kooperationsmöglichkeit. EZW-Texte* 217.

Maier, Gerhard: *Biblische Hermeneutik*, Wuppertal 1990.

Masuch, Georg und Staudinger, Hugo: *Geschöpfe ohne Schöpfer? Der Darwinismus als biologisches und theologisches Problem*, Wuppertal 1987.

Mathys, Hans-Peter (Hg.): *Ebenbild Gottes – Herrscher über die Welt. Studien zur Würde und Auftrag des Menschen*, Neukirchen-Vluyn 1998.

Mollison, Bill und Holmgren, Dave: *Permakultur. Leben und Arbeiten im Einklang mit der Natur*, Reinbek 1985.

Moltmann, Jürgen: *Gott in der Schöpfung. Ökologische Schöpfungslehre*, München 1985.

Monod, Jacques: *Zufall und Notwendigkeit. Philosophische Fragen der modernen Biologie*, München 1975.

Müller, A. M. Klaus: *Die präparierte Zeit. Der Mensch in der Krise seiner eigenen Zielsetzungen*, Stuttgart 1972.

Müller, Helmut A. (Hg.): *Naturwissenschaft und Glaube. Natur- und Geisteswissenschaftler auf der Suche nach einem Verständnis von Mensch und Technik, Gott und Welt*, München 1988.

Müller, Wilhelm Alfred: *Die Wiederkehr des Zufalls. Kontingenz und Naturerfahrung bei Naturwissenschaftlern, Philosophen und Theologen*, Gütersloh 1977.

Nagel, Thomas: *Geist und Kosmos. Warum die materialistische neodarwinistische Konzeption der Natur so gut wie sicher falsch ist*, Berlin 2013.

PANNENBERG, Wolfhart: *Anthropologie in theologischer Perspektive*, Göttingen 1983.
POLKINGHORNE, John: *Das Anthropische Prinzip im Kontext von Naturwissenschaft & Religion*, Faraday Paper 4.
QUARCH, Christoph u. a. (Hg.): *Die Macht der Würde. Globalisierung neu denken*, Gütersloh 2007.
REHEIS, Fritz: *Entschleunigung. Abschied vom Turbokapitalismus*, München 2003.
RIEPPEL, Olivier: *Unterwegs zum Anfang. Geschichte und Konsequenzen der Evolutionstheorie*, München 1992.
SCHAEFFER, Francis A.: *Der Schöpfungsbericht. Was die Bibel über Kosmos und Geschichte wirklich aussagt*, Wuppertal 1976.
SCHAEFFER, Francis A.: *Genesis in Raum und Zeit. Der Anfang der biblischen Geschichte und seine Bedeutung für unser Welt- und Menschenbild*, Wuppertal 1976.
SCHEFFCZYK, Leo: *Einführung in die Schöpfungslehre*, Darmstadt 1982.
SCHRÖDER, Richard: *Abschaffung der Religion? Wissenschaftlicher Fanatismus und die Folgen*, Freiburg im Breisgau 2008.
SCHÜLE, Andreas: *Die Urgeschichte (Gen 1–11)*, Zürich 2009.
SCHWÄGERL, Christian: *Menschenzeit. Zerstören oder gestalten?*, München 2010.
SEEBASS, Horst: *Genesis I, Urgeschichte*, Neukirchen-Vluyn 1996.
SÖLLE, Dorothee und SCHOTTROFF, Luise: *Die Erde gehört Gott. Texte zur Bibelarbeit von Frauen*, Reinbek 1985.
STADELMANN, Helge: *Evangelikales Schriftverständnis. Die Bibel verstehen – der Bibel vertrauen – der Bibel folgen*, Hammerbrücke 2005.
STECK, Odil Hannes: *Die Herkunft des Menschen*, Zürich 1983.
THIEDE, Werner: *Die Beschleunigungsgesellschaft. Wie digitales Tempodiktat dem Posthumanismus zuarbeitet*, in: *Materialdienst der EZW* 5/2015.
THIELICKE, Helmut: *Wie die Welt begann. Der Mensch in der Urgeschichte der Bibel*, Stuttgart 1960.
VARDY, Peter: *Das Rätsel von Übel und Leid*, München 1998.
VON RAD, Gerhard: *Das erste Buch Mose, Kap. 1–12,9*, Göttingen 1958, 5. Aufl.
VON RAD, Gerhard: *Theologie des Alten Testaments*, Band 1: *Die Theologie der geschichtlichen Überlieferung Israels*, München 1987, 9. Aufl.
WASCHKE, Ernst-Joachim: *Untersuchungen zum Menschenbild der Urgeschichte*, Berlin 1984.

WEISS, Hans-Martin und THIEDE, Werner: *Heute noch von Schöpfungsordnung reden? Ev. Verantwortung* 1+2/2015.

WERLITZ, Jürgen: *Das Geheimnis der heiligen Zahlen. Ein Schlüssel zu den Rätseln der Bibel*, München 2000.

WESTERMANN, Claus: *Am Anfang: 1. Mose (Genesis)*, Teil 1: *Die Urgeschichte. Abraham*, Neukirchen-Vluyn 1986.

WESTERMANN, Claus: *Genesis*. 1. Teilband: *Genesis 1–11*, Neukirchen Vluyn 1976, 2. Aufl.

WESTERMANN, Claus: *Schöpfung*. Themen der Theologie Band 12 als erweiterte Studienausgabe, Stuttgart 1983.

WIESER, Wolfgang: *Die Erfindung der Spiritualität oder Die zwei Gesichter der Evolution*, Heidelberg 1998.

WILCKENS, Ulrich: *Der Brief an die Römer*, 1. Teilband *Röm 1–5*, Zürich und Neukirchen-Vluyn 1997, 3. Aufl.

WILCKENS, Ulrich: *Kritik der Bibelkritik. Wie die Bibel wieder zur Heiligen Schrift werden kann*, Neukirchen-Vluyn 2012.

WILDER-SMITH, A. Ernest: *Gott: Sein oder Nichtsein? Eine kritische Stellungnahme zu Monods naturwissenschaftlichem Materialismus*, Neuhausen-Stuttgart 1973.

WILDER-SMITH, A. Ernest: *Grundlage zu einer neuen Biologie*, Neuhausen-Stuttgart 1974.

WUKETITS, Franz M.: *Grundriß der Evolutionstheorie*, Darmstadt 1989, 2. Aufl.

ZENGER, Erich u. a.: *Einleitung in das Alte Testament. Siebte, durchgesehene und erweiterte Auflage*, Stuttgart 2008.

ZIEGLER, Jean: *Der Hass auf den Westen. Wie sich die armen Völker gegen den wirtschaftlichen Weltkrieg wehren*, München 2009.

ZOBEL, Hans-Jürgen und BEYSE, Karl-Martin: *Das Alte Testament und seine Botschaft. Geschichte – Literatur – Theologie*. Berlin 1984, 2. Aufl.